どうしてこう読む

難読語の由来

中村幸弘 著

目次

どうして
こう読む
難読語の由来

匕首（あいくち）

懐《ふところ》などに入れて持ち歩く鍔《つば》のない短刀のことを、「匕首《あいくち》」といいます。そこに忍ばせるところから、懐刀《ふところがたな》ともいいます。また、長さをそのまま呼び名にして、九寸五分《くすんごぶ》ともいいます。やくざなどが、晒《さら》しの腹巻《はらまき》の中から取り出す場面などが見えてきましょう。その腹巻の中に隠し持つからでしょうか、「匕首を呑《の》んでいる。」などというようです。

鍔がありませんから、柄《え》の口と鞘《さや》の口とが直接ぴったりと合うことになります。そのように合うところからでしょう、近世から、「合ひ口」といい、そう書く言葉が現れます。「見苦しいお侍《さむらひ》。あひ口一本ささぬ町人、手向ひはいたさぬ。」（浄瑠璃《じょうるり》・大経師昔暦《だいきょうじむかしごよみ》・下）などです。

それよりも、ずっとずっと古く、しかも中国に、「匕首《ヒシュ》」という言葉がありました。頭部が匕《さじ》に似ているので、その短剣をそう呼んだのでしょう。匕のような首《あたま》の付いた刀ということでしょう。「専諸をして匕首を炙魚《しゃぎょ》の中に置き以《もっ》て食を進めしめ、匕首を手《と》りて王僚を刺す。」（史記・呉太伯世家）など、有名漢籍の中に見られます。日本でも古くから採用されていて、「錦色《にしき》なる小蛇《すこしきをろち》、妾《やつこ》に授けたる匕首《ひもかたな》なり。」（日本書紀・垂仁天皇）とあります。

その「匕首」を、近世のある時期から、その「合ひ口」をいうのに当てていきました。「懐より九寸ばかりの匕首《あひくち》の氷のごとく見ゆるを抜き出《い》だし」（常山綺談《じょうざんきだん》・二三）などが、それです。ただ、柄の縁と鞘の鯉口《こいぐち》のところに描いた紋所などが互いに合うように白鮫《しろさめ》などで拵《こしら》えた、いわゆる合口《あいくち》拵《ごしら》えの腰刀については、匕首と書くそれとは、別物とされていたようです。

「ぱっと二手にわかれて、おのおの脇差《わきざし》や木刀や匕首を抜き放った。」（柴田錬三郎《しばたれんざぶろう》『眠狂四郎無《ねむりきょうしろうぶ》頼控《らいひかえ》』）など、時代劇に必要な小道具となっています。

生憎だ（あいにくだ）

期待外れ、目的の邪魔、また都合が悪い様子などをいう言葉に、「生《あい》憎《にく》だ」「生憎」があります。「あいにくな天気だ。」とか、「母はあいにく留守です。」とか、そのように用います。前者は形容動詞と呼ばれる活用する言葉、後者は続く言葉を修飾する副詞です。

この「生憎だ」が古典語「あやにくなり」が転じたものであることはただちにうかがえますが、その過程は、なおよくわかりません。一つには、この語形を、国語辞書がなかなか立項しなかった点にもありましょうか。『広辞苑 新訂版』（昭和二十三年刊）も、あいにくを立項したものの、「（副）あやにく。」とするだけでした。『大言海』は、この言葉を立項していません。あやにくに、「可憎」「生憎」の漢字表記を載せ、「あいにくトモ云フハ、後世語ニテ、音転ナリ」としています。

この語形は、「此《この》頃《ごろ》はあひにくに商《あきね》へが隙《ひま》でのや」（浮世風呂《うきよぶろ》・二下）あたりからでしょうか。「あひにく」としてしまったのは、語中の「い」だからで、当時、語中や語尾にア行の音はこないものだという認識があったからでした。

本来の「あやにくなり」は、感動詞あやに「憎し」のにくが付いて成立した、古典語の形容動詞です。下っても、その意識はあったようで、「夭憎　アヤニク」（饅頭屋《まんじゅうや》本《ぼん》節用集《せっちょうしゅう》）などとありました。「妖《よう》」に通わせて、「あやし」のあやを借りたのでしょう。

それが「生憎」になったのは、「生《セイ》憎《ソウ》」という漢語があったから、とのことです。『大言海』の「あやにくなり」の項に触れられています。実際、「生憎や帳額孤鸞《こらん》を繍《しう》す」（盧照鄰《ろしょうりん》「長安古意詩」）など、ふつうの漢和辞典で確認できます。『日本国語大辞典』は、それをあいにくの項に収めておいてほしかった、と思います。

今では、商人《しょうにん》というように、ほとんどが音読するでしょう。「商人《あきんど》」といっただけで、江戸時代か、せいぜい昭和の初めごろまでという感じがしてくると思い

商人（あきんど）

ます。「根っからの商人《あきんど》でして。」などという言い方には、その商人根性のようなものが籠《こ》められていましょう。「小商人」とか「旅商人」とか、そういう複合語がただちに浮かんでくるのも、そこに何か、共通する雰囲気がありそうに思えます。

この言葉については、佐藤武義「『商人』の訓み」（『宮城《みやぎ》教育大学国語国文（二）』昭和四十四年三月）という研究論文がありました。上代のことは未詳だが、「賫 アキビト」（類聚名義抄《るいじゅみょうぎしょう》・仏下本）とあるところから、平安時代には「あきびと」と連濁していたことがわかります。その撥音便《はつおんびん》形あきんどは、その時代の訓点資料から見え、ウ音便形あきうどは、室町時代からだ、といいます。実際の発音は、「aqiūdo」（日葡《にっぽ》辞書）でしょう。そのあきうどが江戸時代初期まであきんどを圧倒するが、十七世紀後半ごろから、再度あきんどが勢力を盛り返し、明治まで続いた、というのです。江戸期では、上方と江戸とで差異はあるが、あきうどは改まった語感を持っていた、ともいうことです。

上代はあきひとであったか、そのあき、本来は、「秋」であったと見てよいようです。秋は収穫の時季、そこで物々交換で売買が行われ、接尾語「なふ」を添えて「秋なふ」という動詞ができた、と考えられます。接尾語「なふ」は、行う意を表し、「占ふ」「伴ふ」の「なふ」もそれです。

「商」という漢字、解字のうえからは、股間を表します。発音を借りて、あきなう意に用いたとも、中国の殷《いん》を商ともいった、その商の人が、あきない上手だったからとも、聞いています。

灰汁（あく）

灰を水に浸《ひた》して取った上澄《うわず》みを、「灰汁《あく》」といいました。アルカリ性があって、洗濯や染め物に使いました。「布にしろ糸にしろ、夜通し灰汁に浸しておいたのを」（川端康成《かわばたやすなり》『雪国』）などに見る灰汁です。

現代語としては、そこから派生した、植物などに含まれる渋みをいう灰汁と、性質や文章のどぎつさをいう灰汁とに、ほぼ限られましょう。その植物の灰汁、菠薐草《ほうれんそう》とか薇《ぜんまい》とかの渋みを抜く場合に限って、その言葉が登場します。どぎつさをいう灰汁も、それが強い場合に限って、否定的なニュアンスをもって用いられます。

石鹸《せっけん》以上に、多様な合成洗剤が用いられる現代、洗い染めする灰汁は、今では伝統的な藍染《あいぞ》めなどに、細々《ほそぼそ》と用いられているぐらいでしょうが、しかし、古くは、大切な洗浄液でした。「紅《くれなゐ》に染めし心も頼まれず人をあくにはうつるてふなり」（古今集・雑体）のあくは、「灰汁」と「飽く」との掛詞《かけことば》ですが、とにかく、それは、間違いなく布を洗う灰汁でした。あなたの真心だって、灰汁で洗えば色が移るという、といっているのです。

辞書も、「灰汁　阿久」（和名抄・六）をはじめとして、『色葉字類抄』、『類聚名義抄《るいじゅみょうぎしょう》』、そして『節用集』の類も、いずれも登載してくれてあります。その熟字「灰汁」もよく定着しています。もちろん、漢語としての「灰汁《クワイジフ》」が先にありました。先人は、その熟語に和語あくを結びつけたのでした。

ただ、そのあくの語源については、拠《よ》るべきものを見ません。加えて、植物の渋みとどぎつさへの転義で、「灰汁」という熟字の理解は、その上澄みではなく、淀《よど》んだところをいう結果となってしまいました。

欠伸（あくび）

疲れたとき、眠いとき、退屈なときなどに、口が自然に大きく開いてする息のことを、「欠伸《あくび》」といいます。最近の研究によって、脳に刺激を与えるために下顎《あご》を動かさせるとも。要は血液中の酸素不足などで起こるもののようです。

有名な古典の中でよく知られているところは、「『あな、いと験《げん》なしや。』とうちいひて、…あくびおのれうちしてよりふしぬる。」（枕草子《まくらのそうし》・二五）です。「すさまじきもの」という物尽くしの段の中にあるもので、物《もの》の怪《け》を調伏《ちょうぶく》しようとしてうまくゆかない験者《げんざ》の様子をいっているところです。

したがって、この言葉、当然のことながら、「吹呿… 阿久比須」（新撰字鏡《しんせんじきょう》）など、辞書の中にも登載されています。ただ、その漢熟字は「吹呿」です。「佽 アクヒス 欠 同」（色葉字類抄）、「欠アクビス 欠伸 アクビノビス」（類聚名義抄・僧中）のように、徐々に「欠伸」へと移っていきます。「欠呻 アクビ」（饅頭屋《まんじゅうや》本節用集）のような表記も、時には見ますが、やがて、ほぼ「欠伸」に定着していきます。

「欠」という漢字の読みを、「ケツ・かける・かく」とするのは「缺」の新字体として、そうなったものです。本来、この字の読みは、「ケン・あくび」に限られていました。そして、何よりも、「欠伸《ケンシン》」という熟語が、中国古典のなかに「君子欠伸し、日の早晏《さうあん》を問ふ。」（儀礼・士相見礼）などと用いられていたのでした。

あくびは、「飽《あ》くぶ」という動詞の、連用形が名詞化したものです。「長やかにうちあくびて」（枕草子・七四）などとあります、その「あくぶ」の名詞形なのです。古い辞書が「あくびす」としているのも、その事情を感じとらせてくれます。

あくびは、呼吸現象をいうだけでしょうか。でも、「欠伸」は、身体の伸びまで表しています。

胡座（あぐら）

両ひざを左右に開いて足を前で組み合わせて楽に座ることを、「胡座《あぐら》」といいます。そうすることを、「胡座をかく。」といいます。しかし、古くは、「呉床《あぐら》」で、貴族の着座する床の高い台のことでした。『日本書紀』の歌謡では、「あごら」ともいわれています。

それが、次の時代に入ると、腰掛けをいう言葉になっていました。「御桟敷《さじき》の前にあぐら立ててゐたるなど、げにぞめでたき。」（枕草子《まくらのそうし》・二七八）などが、その用例です。『源氏物語』とか、そのほかの作品の中にも出てきます。

ところが、高い所にのぼるために材木を組んだもの、それも、そういったのです。『竹取物語』に登場する石上《いそのかみの》中納言という人、燕《つばくらめ》の子《こ》安《やす》貝《がい》を取ろうとして失敗して死んでしまいますが、その子安貝を取るために、大炊寮《おおいのつかさ》の中に、そのあぐらを組ませます。

今の、座り方をいう「胡座《あぐら》」は、おおまかにいって、江戸時代の初めからでしょうか。台や足場は「上《あ》げ座《くら》」か、腰掛けは「足座《あくら》」か、と考えられます。いずれにしても、座所をいう古典語「座《くら》」が付いてできた言葉です。それを、座り方をいうのにも用いて、今に至っているのです。

「胡座」の「胡《こ》」は、えびす、つまり中国の北方また西方の異民族、さらに外国をも意味しました。「胡床　風俗通に云《い》ふ、霊帝胡服を好み京皆胡床を作る 和名阿久良」（和名抄・一四）とありまして、その「胡服」や「胡床」は、異民族の服や床ということでしょう。「胡床」が、その「胡」を残して、正座ではないので、「胡座」と書くようになってきたのでしょうか。

古く、上代は、「呉床」でした。「呉服」の「呉」などと同じく、中国古代の国名を冠しています。

どこまでもあくどく欲ばって、思いやりのない様子を、「阿漕《あこぎ》だ」といいます。「我々が口を利くのだ、奴《やつ》も然《さ》う阿漕なことは言ひもすまい。」（尾崎紅葉《おざきこうよう》『金色夜叉《こんじきやしゃ》』）などと用いられる、その「阿漕だ」、です。確かにちょっと古めかしくはなりましたが、「阿漕な高利貸し」など、今でも、いわないことはないでしょう。非情だ、が、これに代わる言葉となってきていましょうか。

阿漕だ（あこぎだ）

この言葉が、このような意味も担うようになった背景には、歴史的な故事がありました。「阿漕」とは、もともと、阿漕ヶ浦という海岸のことです。現在の三重《みえ》県津市、その東南部にあります。そこは、古くから、伊勢《いせ》神宮に奉納する魚をとるため禁漁地となっていました。しかし、ある漁夫がたびたび密漁を行い、捕らえられました。そこで、同じことが度重なることを意味するようになりました。それがさらに意味を広げて、貪るさま、図々しいさま、押しつけがましいさまをも、この言葉でいうようになっていきました。そして、さらに、非情さまでいうようになってきているのでしょう。

「阿」は、あの音を、「漕」もまたこぎの音を表しているだけで、漢字の字義とは全く関係ありません。地名の阿漕ヶ浦が何を意味するかはともかく、「阿漕だ」は、マイナス言葉として固定してしまいました。津市阿漕町の人たちは、どんな思いでしょうか。

ところが、『落窪《おちくぼ》物語』の侍女阿漕は、落窪の君に仕えて、継母に虐げられる姫を慰め、姫が左近《さこんの》少将《しょうしょう》と知り合うきっかけをつくる、忠実この上ない人物です。津市阿漕町の皆さんに教えてあげたい「阿漕」です。

明後日（あさって）

明日《あす》の次の日のことを、「明後日《あさって》」といいます。音読して、明後日《みょうごにち》ともいいます。古くは、あさてでした。「あさて下り給ふとて」（落窪《おちくぼ》物語・四）などと見られます。辞書にも、「明朝後日 アサテ」（類聚名義抄《るいじゅみょうぎしょう》・仏中）とあります。そこで、「あさて」が変化して「あさって」になったようにも解されますが、その促音が表記されなかったものとも見られましょう。そう見たいと思います。

「明日去 アサツテ」（文明本節用集《ぶんめいぼんせっちょうしゅう》）、また、「Asatte」（日葡《にっぽ》辞書）など、はっきり、そこに促音を入れて発音したことを残してくれてある文献も現れます。その、「明日去」という漢字表記から見て、その起源は、明日去りて後の日というように見えてきましょう。「明日去りて」のりが促音便化して、「明日去って」となり、それがさらにあさってというように、いわゆる約音化現象を呈したのでしょう。

「明後日 アサツテ」（温故知新書）などから、「明後日」という漢字表記も行われるようになります。この表記、漢熟語「明日《ミヤウニチ》」を背景に生まれたようにも思えます。その音読が「ミヤウゴニチ」で、「明」を「ミヤウ」と呉音で読むのは、「明日」を無意識のうちにも意識するからでしょう。しかし、「明後日」という漢熟語を漢籍の中に見つけることはできません。

その「明後日」を背景に、「明明後日」という表記も生まれたのでしょう。「しあさって」の漢字表記として定着しています。「重明後日《しきあさって》」の意と、『大言海』は見ています。

地域によっては、その「しあさって」を用いないで、ただちに「やのあさって」といってしまいます。いや、本来が「さらに」に意の「彌《いや》」を冠した「彌《や》の明後日」だったのです。「しあさって」の次を「やのあさって」とするのは、東京周辺だけだったようです。

紫陽花（あじさい）

「紫陽花」と書いて「あじさい」と読ませるのだ、といってしまえば、それまでのことです。この熟字訓、けっこう古くから見られるのです。伝統ある熟字訓といえましょう。

そのように当てた古い例を見せるのは、『和名抄』です。「紫陽花　白氏文集律詩に紫陽花と云《い》ふ阿豆佐為《あづさゐ》」（和名抄・二〇）とあるのです。中国唐代の白楽天の詩文集である『白氏文集』、その作品の律詩の中に、「紫陽花《しようか》」とある、その「紫陽花」に相当する日本語があづさゐだ、というのです。

あじさいは、もっと古く、上代の文献の中にも見られます。「あぢさゐの八重咲くごとく彌《や》つ世にをいませわが背子《せこ》見つつ偲《しの》はむ」（万葉集・四四四八）が、その例です。紫陽花が八重に咲くように、幾重にも栄えておいでください、わが君よ、私はその立派さを仰いで讃嘆《さんたん》いたしましょう、というのです。その本文は、万葉仮名で「安治佐為《あぢさゐ》」と書かれています。ところが、その解説を付けた、いわゆる左注には、「味狭藍《あぢさゐ》」とも書かれています。

そういうところから、「味」は褒める言葉で、「狭藍」は青い花の色をいったのだとするのが、有力な語源説の一つとして存在します。さゐは、接頭語のさと、あの「藍《あゐ》より青し」のあゐと見られましょう。『和名抄』の「あづさゐ」に拠《よ》ろうとすると、あづは「集む」「集まる」の「集《あつ》」ということになってきましょうか。

「紫陽花」をあじさいと読むのは、どの漢字をどう読み、どの漢字をどう読むというようなものではありません。『白氏文集』にある漢字三字から成る一語が、四音節から成る一語の日本語に結びついたものだったのです。

小豆（あずき）

祝い事に欠くことのできない赤飯、その赤飯には、何といっても、「小豆《あずき》」が必要です。その赤飯は、記録からは室町時代ごろまでしか溯《さかのぼ》れないようですが、小豆は、もっと以前から、「小豆」と書いてあずき（歴史的仮名遣いはあづき）と読んでいました。

平安時代末期に成る『色葉字類抄』という辞書に、この「小豆」が登載されています。「小豆《あつき》」に続いて、「赤小豆《あかあつき》」まで載っています。当時、濁点は打ちませんから、あつきはあづきに相当します。

『古事記』の神代巻に、五穀の起源を説いたところがあります。須佐之男命《すさのおのみこと》に殺された大宜津比《おおげつひ》売神《めのかみ》の身体から、稲種を初めとする五穀が生まれたというのですが、その中の一つに、「小豆」が入っているのです。鼻から小豆が、尻《しり》から大豆《だいず》が生えたのでした。その「大豆」は、単に「まめ」と読み習わされています。

『日本書紀』歌謡の中に、「阿豆枳辞摩《あづきじま》　異椰敷多那羅弭《いやふたならび》（小豆島いや二並び）」とあります。その「小豆島《あづきじま》」は、香川県にある、今の小豆島《しょうどしま》です。そのように、神代の昔から、あづきは「小豆」と書かれてきていたのです。「小豆《しょうず》」、古い仮名遣いで「小豆《せうず》」と読んだのが、「小豆島《しょうどしま》」でしょう。

ただ、そのあずき、古くあづきは、その語源にあまりにも多くの説があって、結局、不明としかいえません。江戸時代、新井白石《あらいはくせき》『東雅』は、あは小、つきはむつきと同語で、角がある意だ、といっています。大槻文彦《おおつきふみひこ》『大言海』は、あかつぶき（赤粒木）で、きは草を意味し、「はぎ」「すすき」「ふふき（蕗《ふき》）」のきだ、といっています。新村出《しんむらいずる》『外国語の話』では、アイヌ語のantukiが日本語に入ってあづきとなったものか、とみたりしています。それほどに、解明できないということです。

翌檜（あすなろ）

井上靖《いのうえやすし》の自伝的連作小説の第一作は、『しろばんば』でした。曾祖父《そうそふ》の妾《めかけ》で戸籍上の祖母、元芸妓《げいぎ》の、その老女と、分家の裏手の土蔵で幼年期を送りました。堀川弘通《ほりかわひろみち》によって映画化され、『あすなろ物語』となりました。その題名から、「翌檜《あすなろ》」という木を知り、明日《あす》は檜《ひのき》になろうという意味からなる名前であることを知った人も多かったと思います。

「あすはひのき、この世に近くも見え聞こえず。」（枕草子《まくらのそうし》・四〇）とあります「明日は檜」、明日は檜になろうと努める翌檜の木です。檜に似て、しかし、みずから及ばないと自覚している木ということになりましょうか。

この木、漢名は、羅漢柏《らかんはく》です。その「あすはひのき」、「あすはゐの木」などとする写本がありますところから、「あすわいの木」と発音されていたものと思われます。そして、「あすひ」と呼ばれることもありました。一方、翌檜《あすなろ》は、「明日檜 アスハヒノキ アスナラフ」（書言字考《しょげんじこう》節用集）の形で登場します。その「ふ（＝う）」、意志の助動詞の「う」が落ちて、四音節のあすなろとなって今日に至っているというのです。

しかし、「あすはひのき」が、「明日は檜」であるかどうかは、やはり、疑わしいといえましょう。ただ、それをそう解したところから、「あすならむ」から生まれたあすなろは、「翌檜」という漢字表記と一致することになりましょう。

「翌」は、音ヨク、「翌日」の「翌」ですから、明日の意があることはただちに理解できます。「檜」は、音カイ、歴史的仮名遣いでクヮイ、伊吹《いぶき》という名の木を意味します。日本で、その「檜」という漢字を「ひのき」をいうのに用いたのです。

四阿（あずまや）

庭園、時には公園の中に、休憩や眺望のために建てられている小さな建物、それが「四阿《あずまや》」です。この建物一つで、風流な感じがしてくるようで、まさに園内の一点景といえましょう。屋根は、四方に葺《ふ》きおろした、方形の寄せ棟造りで、一部に土壁のあるものもありますが、多くが壁なしです。

四阿の「阿」は、曲がった垂木《たるき》を意味します。その結果として、軒をいうのでしょう。四つ軒があるということで、古代の中国語としては、周囲に廊下のある建物をいったようです。日本でも、「四阿　唐令に云《い》ふ、宮殿皆四阿　和名阿豆万夜」（和名抄・一〇）というように、宮殿を意味するとしています。そして、それに相当する日本語があづまやとなっているのです。

「屋はまろや、あづまや。」（枕草子《まくらのそうし》・二六九）を見ても、『源氏物語』の巻名「東屋《あずまや》」の由来を尋ねても、さらには催馬楽《さいばら》「東屋」からも、その東屋と呼ばれる建物は、田舎ふうの家ということになりましょう。屋根と柱だけの小屋しか見えてきません。

その東屋の「東」は、東国を指しています。あの日本武尊《やまとたけるのみこと》が、身代わりとなってくれた弟橘姫《おとたちばなひめ》を偲《しの》んで、「あづまはや」、つまり私の妻よといった、そういう伝説のあるあづまです。そのあづまを、この場合は、辺鄙《へんぴ》な地を意味させているのでしょう。

四阿という古代中国語からは、宮殿が見えてきます。周囲に廊下のある立派な建物が見えてきます。あづまやと聞くと、粗末な小屋ですので、どうしても四阿とあづまやとが結びつきません。

あるいは、その四阿とあづまやとは、寄せ棟だけが共通するということなのでしょうか。現代の公園の四阿《あずまや》、粗末ではなく、風流な印象になりそうです。

校倉（あぜくら）

正倉院《しょうそういん》は、聖武《しょうむ》天皇の崩御にあたって遺愛の品々を東大寺に献納された、その品々を収めた宝庫です。後に東大寺伝来の文書をも収めて、現在に至っています。その保存がこのように完全であるのは、ひとえに、その建築様式が「校倉《あぜくら》造り」であるからだ、といわれています。柱を用いないで、台形や三角形の木材を井桁《いげた》に積み上げて壁にした、あの造りです。

それにしても、「校」という漢字を、どうしてあぜと読むのでしょうか。そもそも、そのあぜとは、どんな意味なのでしょうか。あぜを用いた複合語は他にないのでしょうか。次々と、知りたいことが湧《わ》いてきます。

雑《まじ》える意の「あざふ」のあざだ、とする考えがあります。そのあざがあぜに転じたと見るのです。次は、木を打ち違えて造るところから、交を意味するあぜという語があった、とみる考えです。さらに、「あはせ」があぜになったのだ、とみる考えもあります。僅《わず》かずつ違いはしますが、井桁に組んだ造りと関連づけてみる点で共通しているといっていいでしょう。

他に、ちょっと変わったものとして、畦《あぜ》に設けた神座《くら》とする、高崎正秀《たかさきまさひで》『万葉集叢攷《そうこう》』にみる説もありました。

「校」字はまじえる意をもっていますので、畦神座説以外は、いずれも、その用字と結びつきます。校倉の壁を組む、その木材を「校木《あぜき》」といいますが、校倉を意識の背景に置いて、後世、そういうようにいったものでしょう。古く、『宇津保《うつほ》物語』に「校《あぜ》」とだけいう例を見ますが、「校倉」の略でしかありません。

『和名抄』に登載されている「校倉　阿世久良」、穀物倉の一つのようですが、表記と読みは、平安時代に既に、そのように固定していたのです。

馬酔木（あせび）

「馬酔木《あせび》」という常緑の低木、どちらかというと、山地の乾燥した所に生えて、葉が厚く、長さ三〜八センチ、幅一〜三センチ、先が尖《とが》っています。その縁には、細かい鋸歯《きょし》があります。春の早いころに、白いつぼ形の花を房のように付けます。あしびとも、あせみともいうようです。そのあしびのほうが古い言い方だったのでしょうか、万葉仮名で「安之婢《あしび》」（万葉集・四五一三）とあるのです。

『万葉集』には、他に六例、そのあせびをいう語が現れます。「馬酔木」（同・一六六・一四二八・三二二三）と「馬酔」（同・一八六八・一九〇三・一九二六）とです。今では、それらをいずれもあしびと読むようですが、あせびともあせみとも読む説が、かつては多かったようです。

とにかく、「馬酔木」と書くのは、『万葉集』の昔からだったのです。そして、そのように書かれる理由は、その語源説と併せて、以下のように解されています。馬がその葉を食べると、酔って、足がなえてしまうため、古く「足癈《あしじひ》」といったものと考えられます。その「あしじひ」が「あせび」となり、「あしび」ともなった、そう解されているのです。

今いった、「あしじひ」の「じひ」は、「あし」を受けて濁音化したもので、本来は「しひ」です。もとは、身体の器官が機能しなくなる意の動詞「しふ」で、「しひ」は、その名詞形です。目の見えない人を、古く「盲《めしひ》」といった、その「しひ」と同じです。

あせびの語源説は他にもありますが、馬が酔って足が撓《たわ》む意の「あしだみ」説など、馬が酔っての部分については共通しています。葉の有毒性はよく知られています。「馬酔木」は体験に根ざした熟語だったといえましょう。

現代語として、あしびかあせびかと、よく聞かれます。今はまたあしびが用いられているようです。

汗疹（あせも）

汗のために皮膚にできる、赤い小さな吹き出物を、「汗疹《あせも》」といいます。「汗疣《あせも》」とも書きます。「なく声の大いなるかな汗疹の児《こ》」（虚子俳句集）という、高浜虚子《たかはまきょし》の句のとおり、そのために、けたたましい泣き声をあげる子もいたことでしょう。

今だったら、ベビー・パウダーでも使うことになりましょうか。いや、そのベビー・パウダー、汗疹をかえってひどくすると、保健所が指導しているとも聞きましたが、とにかく、古くは、汗取りの帷子《かたびら》などという肌着を着けて、それで凌《しの》いでいたようです。中国でもそうだったようで、「汗衫《カンサン》」という漢語は、軽くて薄い汗取りの衣類のことですが、日本では、平安時代、童女が初夏に正装の上衣として用いました。それを「汗衫《かざみ》」と呼んでいます。

湿気の多い日本、恐らくは、そういう症状の出ている人も多かったろうと思いますが、そういう症状名が文学作品に登場することなど、期待しても無理でしょう。ただ、この言葉、たまたまでしょうか、「熱沸瘡…和名阿世毛、今案ずるに沸字は疿に作るべきか」（和名抄・三）とあったのです。「熱沸瘡」という漢熟語で立項し、その「沸」について、「疿」かといっているのです。

あせものもについては、「もの」とする理解と「もがさ」とする理解とがあります。その「もがさ」とは、疱瘡《ほうそう》ということです。天然痘ということです。また、同じ辞書の同じ巻に、「皰瘡…裳瘡《もがさ》と云《い》ふ」とあります。汗によってできた疱瘡ふうのもの、その「あせもがさ」の下略形でもあったのでしょうか。

そのあせもに当てる「汗疹」の「疹」は、「風疹《ふうしん》」「麻疹《ましん》」の「疹《しん》」で、吹き出物をいいます。いま一つの、「汗疣」の「疣」は、音ユウ、いぼということです。探し探して、当てた漢字の一つということでしょう。

朝臣（あそん）

例えば、柿本朝臣人麻呂《かきのもとのあそんひとまろ》の「朝臣」、橘《たちばなの》朝臣とか業平《なりひらの》朝臣とか出てくる「朝臣」、読めるし、全体の理解にあまりは関係しないので、そのままにしている方もいらっしゃろうかと思います。ちょっと確かめてみましょう。

人麻呂の時代は、あそみでした。下って平安時代にはあそん、さらに中世に至ると、あっそんともいいました。天武天皇の十三年（六八四）に定められた八色《やくさ》の姓《かばね》、その第二位に当たるものでした。平安時代のそれは、五位以上の廷臣に対する敬称である一方、三位《さんみ》以上は、自称にも用いました。

そのあそみの成立については、あせ（吾兄）におみ（臣）が付いて約音化したものだとか、その漢字のとおりあさ（朝）におみ（臣）が付いたものだとか、いろいろいわれていますが、よくわかりません。

あせ（吾兄）は、私の兄とか夫とかいうことで、親しい関係の男性を意味しました。おみ（臣）は、本来は相手への敬称で、それが姓になったりした一方で、文字どおり臣下を意味した言葉でもあります。すると、この言葉、天皇が、自分をサポートする人たちに親しみをこめていったことになりましょうか。

いま一つ、あせでなく、あさだとする、そのあさは、朝廷を意味するとする考えが、かつてはありました。「朝政」の訓読あさまつりごとが、そう考えさせたのでしょう。

とにかく、「朝臣」があそみと読めるのは、あさのさとおみのおとが融合してそとなる、そのそを受けとめたからです。「朝」はあでもあそでもなく、「臣」もそんでもんでもありません。

可惜（あたら）

今でも、「あたらチャンスを逃《のが》してしまった。」などといいます。その「あたら」、惜しくもとか、もったいないことにとか、そういった意味の言葉です。現代語としては、そう多く用いられはしませんが、それでも、「可惜《あたら》堤防の松を砂煙で汚してゐた。」（谷崎潤一郎《たにざきじゅんいちろう》『細雪《ささめゆき》』）といったような例がありました。

そのあたら、漢字で、「可惜」とか、また、単に「惜」とか、そのように表記されます。その「可惜」、「可惜 アタラ」（類聚名義抄《るいじゅみょうぎしょう》・法中）のように、古くから、そう結びついていました。実は、「可《カ》惜《セキ》」という漢語があったのです。中国の史書『後漢書』などにも、その用例を見ます。

そのあたらという言葉、「あたらし」という、古い時代の形容詞の、そのもとになる部分です。「新《あたら》し」とは違う、惜しい意の「惜《あたら》し」があったのです。「田の畔《あ》を離ち、溝を埋《う》むは、地《ところ》をあたらし（阿多良斯）とこそ、我《あ》が汝兄《なせ》の命《みこと》（須佐之男命）、如《か》此《く》為《し》つらめ」（古事記・上）は、天照大御神が〈田の畔《あぜ》を壊し、溝を埋《うず》めたのは、土地がもったいないと思って、私の弟の命がそうしたのでしょう。〉と言っているところです。「際《きは》殊《こと》にかしこくて、ただ人にはいとあたらしけれど、」（源氏物語・桐壺）は、第二皇子（後の光源氏）を臣下にするのは惜しいといっているところです。

古典作品の中には、「あたら物」とか、「あたら夜」とか、そういう複合化した言葉も見られます。もったいないほどの物とか、明けてしまうのが惜しいほどすばらしい夜とか、そういう意味です。「明けまく惜しきあたら夜を」（万葉集・一六九三）が、その用例です。

天晴れ（あっぱれ）

花咲《はなさ》か爺《じじい》の話、枯れ木に花を咲かせた爺を、お殿様が「天晴《あっぱ》れ、天晴れ。」とお褒めになったと、そこで結ばれるのは、あるいは、ある時代の時代思潮がそうさせたものだったかもしれません。とにかく、子ども向けのその種の話や娯楽時代劇の中で、お殿様というと、「天晴れ、天晴れ。」とお褒めになるものと、決まっていたように思えてなりません。

遡《さかのぼ》って、「討つも討たるるも武士のならひ、天晴神妙《あつぱれしんべう》なる御はたらき」（浮世草子・武道伝来記）などから、そう書きそう読む感動詞が認められます。いっそう古く、「あつぱれ剛《かう》の者かな。」（平家物語・二度之懸《にどのかけ》）など、その言葉はあっても、そうは書かれませんでした。

あっぱれは、もともと、「あはれ」でした。形容動詞として、「あはれなり」という語形でも用いられました。いま、「哀《あわ》れだ」となっています。その「あはれ」が、中世に、驚きなどを表すとき、また賞賛の意を表すとき、促音化してあっぱれとなったのでした。そう発音すると、意味が強まったのでしょう。形容動詞としての「天晴な御手跡で御座《ござ》る。」（虎寛《とらひろ》本狂言・八句連歌）などは、天下晴れて第一のすばらしいご筆跡という感じがして、自然そう当ててしまったのでしょう。

中古の、『枕草子《まくらのそうし》』『源氏物語』のころの「あはれなり」は、しみじみとした感慨を表す言葉でした。それが、一方では、現代語「哀れだ」ともなっているのですが、その一方には、この「天晴れだ」も生まれていたのです。転義の意外さを深く感じさせられましょう。

この言葉、「適」とも書かれました。国字です。諸橋轍次『大漢和辞典』には、「讃美驚歎《さんびきょうたん》の時、発する感動詞。」としてありました。

家鴨（あひる）

真鴨《まがも》を家禽《かきん》化したものが、「家鴨《あひる》」です。足が短く、胴体が太く、飛べません。食肉用に育てた結果、そうなったのでしょう。巣につく習性がないので、鶏や七面鳥に卵を抱かせて雛《ひな》をかえします。そこで、子どもを産むだけで面倒を見ないことを、「家鴨みたいに産みっぱなしだ。」といったりします。

辞書では、「Afiru」（日葡《にっぽ》辞書）、また、「家鴨 アヒル」（饅頭屋《まんじゅうや》本節用集）とか「家鴨 アヒル」（書言字考節用集）とか、確認できます。ただ、ちょっと古い時期の、恐らくはこの言葉の初出と思われる辞書には、「下鴨 アヒル」（文明本節用集）とありまして、漢字表記を異にします。「下」は、あるいは、飛べないことを意味させているのでしょうか。

あひるは、あひろともいわれました。「かり屋は仮屋ならず鴨屋なり。かりは今いふあひろのこととみゆ。」（嬉遊笑覧《きゆうしょうらん》・三）などとあります。一つの語源説に基づいた別称かと思います。あは「足」、ひろは「広」でしょう。ずっと古く、足をあといった、それを採用してのことです。

金沢庄三郎《かなざわしょうざぶろう》『国語学通論』では、あひは「いへ（家）」の転であり、るは、朝鮮語の鴨《かも》をいうOri から来ているとしています。熟語「家鴨《かおう》」は、歴史的仮名遣いでカアフ、中国の辞書に、「尸《し》子《し》曰《いは》く、野鴨を鳧《ふ》と為《な》し、家鴨を鶩《ぼく》と為《な》す。飛翔すること能《あた》はず、庶人の耕稼を守るが如《ごと》きのみと。」（埤雅《ひが》）とありました。『文明本節用集』は、あるいは、カの音だけを受けとめ、文字を誤ったのでしょうか。一字の漢字としては「鶩」が当たります。

その姿が「乙《おつ》」に似ているところから、学校の成績評価、甲・乙・丙《へい》の「乙」の俗称でもありました。

白水郎（あま）

漁夫を意味する古語が「あま」であることは、だれもが、それとなく知っているといっていいでしょう。現在でも、伊勢《いせ》・志摩《しま》など、海女《あま》の方たちが観光資源として活躍しています。その女あまだけでなく、男あまもなお続いていて、ちょっと古くなりますが、近藤啓太郎《こんどうけいたろう》の『海人舟《あまぶね》』は、そういう房州の若者を登場させた小説でした。

海女も海人も、そして海士も、いずれもあまと読まれます。「蜑」という漢字を当てることもありますが、それは、その漢字が、タンという音の、中国南方の住民を指すことに由来します。水上生活者で、多くが漁業を営んでいました。そこで、その漢字を、漁夫のあまに当てることになったのでした。

さらに、「白水郎」と書くこともあります。ちょっと表記にこだわる方の文章の中には見かけましょう。「白水郎」がどうしてあまなのか、知りたくなってきましょう。

「打麻《うちそ》を麻続《をみ》の王《おほきみ》海人《あま》なれやいらごの島の玉藻刈ります」（万葉集・二三）の「海人なれや」の原文は、「白水郎《あま》有哉《なれや》」です。他に、『日本書紀』にも、また、少々下りますが、古辞書の中に「弁色立成云白水郎 和名阿万」（和名抄・二）というようにも現れます。とにかく、『万葉集』には、この「白水郎」が十七例あるのです。

「白水」は、もと、中国の鄮《ぼう》県という、現在の浙江《せっこう》省にある地名です。「郎」は官名で、その地方の水先案内の役人をいったもののようです。日本との交通路に当たっていたところから、その「白水郎」の名が親しまれ、万葉人が、あまの漢字表記として用いたものと見られるのです。熟字訓の走りだったといっていいでしょう。

塩梅（あんばい）

ものごとの具合、特に、健康状態や天候をいう言葉として、「塩梅《あんばい》」という言葉があります。「塩梅が悪くて寝ている。」とか「今日は、いい塩梅ですね。」とか、そのように用います。一方、「適当に按配《あんばい》してください。」などという「按配」、また「按排」があります。それらを、一語とするか、別語とするか、国語辞典の姿勢が問われるところです。

程よく排列する意の「按排」と、塩と梅酢で食物の味加減を調える意の「塩梅《えんばい》」とが、中世末期から近世初頭にかけて混同された結果として、それらあんばいがあると見るのが、大方の見方のようです。もちろん、他に、関係などの意を表す「間《あわい》」、歴史的仮名遣いで「あはひ」と書く言葉、この言葉が背景にあるとする見方もあります。

いま、「塩梅」と書くあんばいについていいますと、「Ambai または yembai：すなわち、食物や料理の調味の加減」（日葡《にっぽ》辞書）などが、その成立の過程をよく教えてくれそうです。ただ、その味加減の「塩梅」が、いつか、「按排 アンバイ 味」（易林本《えきりんぼん》節用集）とあるように、「按排」と書かれてもいたのです。

その「按排」、漢語としては「安排《アンバイ》」でした。「此《これ》を推せば自《おのづか》ら豁豁《くわつくわつ》として、必ずしも安排を持たず」（白居易《はっきょい》『友を諭す詩』）とありました。それを、日本では、「按排」というように置き換えて使っていました。いま、「按配」とするのは、「排」よりも多く用いられ、かつ意味としても具合のいい「配」に書き換えたものです。「案排」もありましたし、「案配」もありました。

天候などを「あわい」という地方は、まだあるそうです。古典語「あはひ」の意味の一部で、それが「塩梅《あんばい》」に抱え込まれていると見てよいようです。

許嫁・許婚（いいなずけ）

親同士の意見で、幼いうちから婚約しておくこと、また、その婚約者のことを、「許嫁《いいなずけ》」といいます。もっとも、その婚約者は、相互にそう呼ぶわけですから、相手が男性である場合には、許婚男《いいなずけ》などと書いたりすることもあるでしょう。しかし、多くは、許嫁と書いてきているようです。そこで、「ぢゃ許嫁男《いいなづけ》？　でなきゃ従兄妹《いとこ》？」（小杉《こすぎ》天《てん》外《がい》『魔風恋風《まかぜこいかぜ》』）に見るような、変な表記も行われたのでしょう。

この言葉、「Iynazzuqe：言葉の上での媒約」（日葡《にっぽ》辞書）とはありましても、国語辞書には、あいにくと見つかりません。もちろん、用例については、それに続く近世の初めから、相応に認められます。語源については、「結納付け《ゆひなふづけ》」その他がありますが、関係はあっても、やはり、動詞「言《い》ひ名付《なづ》く」の名詞化と見るべきでしょう。

「何《いか》なる我なれば、已《すで》に人の云《い》ひ名付けて事定まりたる中をさけて、人の心を破るらん。」（太平記・春宮還御《とうぐうかんぎょ》の事）などに見るように、その動詞は、はっきり婚約する意で、早くも中世に成立しています。「結納《ゆひなふ》」、今の「結納《ゆいのう》」ですが、その成立は、なお、少々下った時期かと思われます。「結納」の語源とされる、「言《い》ひ納れ」とは、事柄として大いに関わりがありましょう。そして、「結号《ゆひなづけ》の郎君なりせば、いよいよ頼菖蒲《しやうぶ》がこと。」（読本《よみほん》・綟手摺昔木偶《もじてずりむかしにんぎょう》）などからは、「言ひ名付け」と「結納付け」との混交が十分に考えられましょう。

表記は、そのように、近世の多くは、「云名付《いひなづけ》」などでした。「許嫁」への定着は、なお下ってからでしょう。近時は、「嫁」の字に纏《まつ》わる前近代性を嫌ってか、「許婚」が優勢になろうとしているかに思えます。

烏賊（いか）

足が十本、腹部に墨袋《すみぶくろ》があって、敵にあうと墨を出す軟体動物、もちろん、「烏賊《いか》」です。『播磨風土記《はりまふどき》』に、伊加麻川《いかまがわ》という川の名の起源が紹介されています。何とも単純で、烏賊がいたからそう呼ぶのだ、といっています。

また、「烏賊… 和名伊加」（和名抄・一九）ともあって、そこで、イカが死んだふりをして水面に浮かんでいて、烏《からす》が啄《ついば》もうとすると、巻きついて烏を餌食にするところからそういうのだ、といっています。この「烏賊」、『南越志』にあると書いてありますように、古代中国において、既に、この軟体動物には、この二字の漢字が結びついていたのです。

古辞書の類の中には、「鯢」「鱏」などを当てているものもありますが、「烏賊」を掲げていないものはありません。それほど、この「烏賊」は定着していたということです。ただ、日本語としての、和語としてのいかについては、その語源を明らかにすることができません。諸説がうんざりするほどありますが、さすがは『大言海』、「語源、知ルベカラズ」といっています。形がいかめしいからなどというものもありますが、従えません。

烏の賊といわれるほどのいかですが、何といっても恐れられるのは、その墨です。清少納言《せいしょうなごん》も、「名おそろしきもの」という物尽くしの段に、「いきす玉、鬼ところ、おにわらび、むばら、からたち、いかすみ、ほうたん、うしおに。」（能因本枕草子《のういんぼんまくらのそうし》・一五七）と列挙して、その中に、その「烏賊墨《いかすみ》」を入れていたほどです。

烏賊は内臓を除いて干すと、鯣《するめ》になります。その鯣、「する」では縁起が悪いので、「あたりめ」ともいいます。結納《ゆいのう》に使うときには、「寿留女」と書くことになっています。

「十六夜《いざよい》」なら、読むことは読める、そして、十五夜の次の日の夜であろうと想像はつく、しかし、どうしていざよいというのか、そうおっしゃる方が多かろうと思います。「十六夜」というと、阿仏尼《あぶつに》の『十六夜日記』が思い出されます。夫の死後、実子為相《ためすけ》のために、細川の庄《しょう》の相続問題で、鎌倉《かまくら》幕府まで訴訟に赴いたことを記した、あの日記です。

十六夜（いざよい）

歌舞伎《かぶき》の世話狂言でいうと、「十六夜清心《いざよいせいしん》」の十六夜が浮かんできます。修行僧清心と遊女十六夜が心中するが、それぞれ助かるという、序幕の道行《みちゆき》の場面が見えてきます。あの場合は、そういうわけで、遊女の名前です。

「十六夜」は、月の出をいう言葉です。満月の十五夜がなぜ望《もち》かは諸説ありますが、とにかく、その翌夜、ためらうように出てきますところから、こういったのです。「いざよい」は、ためらいという意味なのです。

歴史的仮名遣いではいざよひ、その元をなす動詞は「いざよふ」でした。その「いざよふ」の名詞形がいざよひで、本来は、「いざよひの月」といっていました。

いざよひのざを、そのように濁っていうようになったのは、中世からです。いっそう古くは清音で、「いさよふ」「いさよひ」でした。意味も、「もののふの八十《やそ》氏河《うぢかは》の網代木《あじろぎ》にいさよふ波の行方《ゆくへ》知らずも」（万葉集・二六四）などに見るように、川波のたゆたうさまをいう動詞でした。

念のために申し上げておきますと、いざよいのよいは、「夜」とあっても、「宵《よい》」との関係などまったくないということです。古くは「いさよふ」といった、その名詞形だったからです。

漁火（いさりび）

夜、漁船が魚を寄せ集めるために焚《た》く火のことを、「漁火」と書いて、いさりびといいます。漁法については、特に最近の漁法については、まったく不案内ですが、いわゆる集魚灯を、ちょっと古めかしくいえば、漁火ということになりましょうか。

サバ漁などで、殊に巾着網《きんちゃくあみ》を用いてする場合は、その集魚灯で魚群を誘い集めるわけですが、石油ランプやアセチレン灯もままならなかった第二次大戦直後には、漁船の中で薪《まき》を焚くなどしていたかと記憶しています。

しかし、それら集魚灯を目のあたりにして網を引くなど作業していては、漁火という感じはしないようにも思えてきてしまいます。「海人《あま》の漁火《いさりひ》多く見ゆるに…」（伊勢《いせ》物語・八七）などに見るように、古くから、その火を、遠景として、しかも文学的素材として捉えられたときに、はじめて漁火たりうるかに感じられるのですが、いかがでしょうか。

それだけではありません。古くは、いさりびではなくて、いざりひだったのです。「鮪《しび》突くと海《あ》人《ま》の灯《とも》せるいざりひのほかに出《い》ださむわが下思《したも》ひを」（万葉集・四二八）の、その部分は、万葉仮名で「伊射里火」とあるところから、いざりひであることがはっきりするのです。「射」は、濁音を表す仮名だったのです。

そのいざりひのいざりは、動詞「いざる」の名詞形です。動詞「いざる」は、漁をする意です。そのいざりひが、いまいさりびとなって残っているのです。清音が濁音化する例は多いのですが、濁音だったものが清音化するという点でも、このいさりびは注目されます。

悪戯（いたずら）

「子どもの悪戯《いたずら》」などといいます。ふざけて、ちょっとした悪さをすることをいいます。この言葉は、上代から存在するのですが、この意味で、しかも、この名詞といわれる品詞で用いられるようになったのは、そう古いことではありません。そうはいっても、近世からでしょうから、相応の時間は経っています。

現代でも、「いたずらに時を過ごす。」などといいます。その「いたずらに」は、漢字に当てると、「徒《いたず》らに」となりましょう。無駄に、という意味の副詞です。その「徒」という漢字は、「徒食」「徒労」の「徒」です。

その「徒らに」は、いっそう古くは、歴史的仮名遣いで「いたづらなり」という、形容動詞に属する言葉でした。その、無益だ、という意味が、子どものする悪さには、何の益となるところもありませんから、その悪さをいうのに適《かな》ったのでしょう、ここに転義が成立したものと思われます。「悪戯っ子」「悪戯者」など、一語を構成する要素としても用いられて、名詞化への道を辿《たど》ったのでしょうか。

この意味の、そしてとりわけて「悪戯」という表記のこの言葉は、明治になってから、その用例を急に多く見せるようです。「悪戯《ふざけ》る」にも用いられる、この表記、何か、そうさせる契機でもあったのでしょうか。

最近、子どもは、悪戯をしなくなりました。かつては、「悪戯者めが。」と親父《おやじ》の怒鳴り声として聞いたものでしたが、近ごろは、「退屈しのぎに作ったいたずらです。」などが、耳にするいたずらのほとんどです。拙作の意の謙譲語といってよく、表記もそうしたいぐらいです。

無花果（いちじく）

クワ科の落葉小高木の「無花果《いちじく》」、庭の隅に、少々だらしなく植えられていましょう。いや、自然に植わっています。湾曲した枝の先に、卵形の実が付きます。中には、薄紅色の多数の小花が集まっています。もちろん、それは食用となります。そして、その液汁は、疣《いぼ》や魚《うお》の目《め》に効くといわれています。

「無花果　イチジク　一名映日菓」（書言字考節用集）とありますのが、国語辞書の初出例です。それも当然で、小アジア原産のこの植物、日本には江戸時代に渡来してきたものだからです。「唐《とう》柿《がき》」ともいわれました。「映日菓」、一般には「映日果」とも書かれました。犬枇杷《いぬびわ》のことを、こう呼ぶこともあります。似ているからでしょう。

ペルシア語anjirを音訳して中国では映日果《エイジツクワ》といい、その近世語インヂクラがイチヂクとなったものかと、新村出《しんむらいずる》『外国語の話』は述べています。今でも、いちじゅくという人がいます。「鐘やみて蠟《ろう》の火の消ゆるまで　無花果《いちじゆく》の乳をすすり、ほのぼのと歌はまし」（北原白秋『邪宗門』）と、確かにあります。そこで、「一熟《いちじゆく》」を語源とする説も、当然あるわけです。

そういうわけで、この植物名の歴史的仮名遣い、いちぢくかいちじくか、悩まされます。文献そのものとしてはぢが多いのですが、近世には、もう、じとぢの発音の区別がなくなってしまっていたからです。ぢと書かなければならない必然性が見つからないのです。

「無花果」と書く理由については、二つの解釈ができるようです。一つは雄花が無く果実をつけるから、ということでしょう。大方、そうでしょう。いま一つ、花が果実の内側にあって見え無い、とも解せましょうか。

銀杏（いちょう）

お寺の入口などには、大きな二株《ふたかぶ》の「銀杏《いちょう》」をよく見かけます。多くが、雌雄のようです。雌雄異株だからです。扇形の葉で、秋に黄葉します。黄色い実の中の白色の種、同じ漢字を書いて「銀杏《ぎんなん》」といいます。その葉は、見方によっては小鳥とも見えるようで、「金色《こんじき》の小さき鳥のかたちして銀杏《いてふ》散るなり夕日《ゆふひ》の岡《をか》に」（与謝野《よさの》晶子《あきこ》『恋衣』）と詠まれています。

この言葉、歴史的仮名遣いでいてふと書くように、かつては教えられました。少なくとも、現代仮名遣いが原則となる昭和二十一年までの、標準とされた国語辞典や、また学校教育の場においては、そのいてふでした。『大言海』はいちやうでした。いや、外来語ですから、イチャウでした。いてふは、近世に、そのように作られてしまったものです。

この植物、中国では、鴨脚《アフキャク》でした。その宋《そう》音（唐音ともいいます）を、入宋《にっそう》、入元した日本僧が、ヤーチャーと聞いてしまったのです。それが、さらに、イーチャー、そして、イチャウという外来語として定着したと、『大言海』は見ています。扇形とも小鳥とも見ることのできる、その葉を、中国の人は、鴨《かも》の脚《あし》と見たのです。

近世のある時期までは、「銀杏　イチヤウ　ギンナン」（下学集）とありますように、いちやうと書かれていたのです。『節用集』の類も、すべてそうです。実際の発音も、「Ichŏ」（日葡《にっぽ》辞書）でした。中国では、この樹木を、「銀杏《ギンキャウ》」ともいいました。それに、鴨脚の読みを当てたのでした。「銀杏《ギンナン》」は、その「杏」を唐音でアンと読んだ「銀杏《ギンアン》」の連声《れんじょう》といわれるものです。ギンのンが次のアと結びついてナとなったものです。「公孫樹《コウソンジュ》」は漢名で、当然、それでも「公孫樹《いちょう》」と読ませます。

従兄弟（いとこ）

上代には、いまいういとことは別の、親しい人を意味する言葉もありました。そのいとこ、「愛し《いと》」、あるいは「いとほし」の「いと」に「子《こ》」が付いた「愛子《いとこ》」と見られています。父母の兄弟姉妹の子をいういとこもまた、古くから存在しますので、一語の別義なのか、別語なのか、なかなか難しいところです。

「二条の后《きさき》のいとこの女御《にょうご》の御もとに仕うまつるやうにてゐ給へりけるを」（伊勢《いせ》物語・六）に見られるいとこは、二条の后高子《たかいこ》と、この染殿《そめどの》の后明子《あきらけいこ》とが従姉妹であることをいっているところです。高子の父長良卿《ながよしきょう》と明子の父忠仁《ちゅうじん》とは、ともに冬嗣《ふゆつぐ》公のお子で、ご兄弟の関係にあります。とにかく、従姉妹《いとこ》についても、そういっています。

従兄弟にしても、従姉妹にしても、いとこには、「従」字が冠せられます。ところが、「従父兄弟 爾雅《じが》に、兄の子と弟の子相謂《あひい》ひて従父昆弟と為《な》すと云《い》ふ 和名伊止古」（和名抄・二）とありますように、古くは、「従父兄弟」だったのです。さらに、「従父 父方乃伊止古」（新撰字鏡《しんせんじきょう》）ともあったのです。「従父」とは、父に従う、つまり父に属するということです。父に属する兄弟や姉妹の子であって、初めていとこになるのでしょう。異母兄弟姉妹の子同士も、当然、いとこです。

母方のいとこは、いつごろから、そういわれるようになったのでしょうか。その後、中世・近世には、「従子《いとこ》」と書かれたことも多かったようです。『節用集』の類は、その表記を採用しています。中には、「従子」「従父兄」（ともに伊京集《いきょうしゅう》節用集）を併せ掲げるものもありました。

そうでした。「再従兄弟」も「再従姉妹」も、またいとこでした。はとこともいっています。親同士がいとこである子と子との関係です。

田舎（いなか）

古く、「黄牛《あめうし》に田器《たうつはもの》を負《おは》せて、田舎《ゐなか》に将往《ゆ》く。」（日本書紀・垂仁二年十月）とあって、「ゐなか」と読まれる「田舎」という表記が見られます。辺鄙《へんぴ》な所を意味していると見てよく、今いういなかと同じだといっていいでしょう。

ゐなかの範囲について確かめると、中古では、平安京の外部すべてをそう呼んでいたものといえるようです。下って、中世になると、京都郊外よりさらに外の地を指していうようになったようで、それだけ都と解される範囲が広がったということでもあったわけです。もちろん、遠く、広く、地方についていては、すべて、そう呼ばれる対象でした。

田舎者が野卑・粗暴であることは、ただちに感じとれます。そこで、中世ともなると、接頭語としての「田舎」が現れます。「田舎五位」（古事談・二・二）や「田舎検非違使《けびいし》」（源平盛衰記・高倉宮信連《たかくらのみやのぶつら》戦いの事）の類です。表記としても、いっそうの定着を見せていったことでしょう。

ゐなかという言葉そのものが何を意味するのか、そこがはっきりしないと、漢字との結びつきも考えられないといえましょう。ゐなかの語源については、これまた、多様な説があります。ただ、「田舎」という漢字表記との関係でいうと、たゐなか説に従うのがよいようです。たゐ、つまり「田居」は、田ということです。なかを人居の意とするのは、折口信夫《おりくちしのぶ》『万葉集辞典』です。「舎」に通う意味です。たゐなかのゐなかだけが言葉としては残った、しかし、表記は「田居中」の「田」を残し、なか（人居）を意味する「舎」が添えられて熟語化した、そう見るのがよいようです。

稲妻（いなずま）

雷雨のとき、空中電気の放電によってひらめく電光を、「稲《いな》妻《ずま》」といいます。歴史的仮名遣いは、いうまでもなく、いなづまです。現代仮名遣いでも、それでいいとする人も多いのですが、そこには、「妻」本来の意味がありませんので、いなずまが正しいことになります。そうではあっても、ルビを付けた「妻《ずま》」には、奇妙な思いがしましょう。

古代の農民の間では、稲がいなずまによって霊的なものと結合し、稲を実らせるものと信じられていました。その夫に当たるものをいなずまそのものと見る考え方が「稲づま」という言葉を生んだのです。「つま」という言葉は、配偶者を意味しましたので、夫の場合も妻の場合も「つま」だったのです。

その後、その「つま」が妻だけをいうようになりましたので、「稲づま」という言葉も、「稲妻」と書かれるようになっていきました。その意味するところは、「稲夫」とでも書いてほしいものが、その反対の「稲妻」となってしまったのです。

「雷公… 和名伊《い》奈比加利《なびかり》　一に云《い》ふ、伊奈豆流比《つるび》　一に云ふ、伊奈豆万《づま》」（和名抄・二）とありますように、稲光《いなびかり》とも稲《いな》つるびとも、そして、稲づまともいったことがわかります。稲つるびとは、稲の交尾ということで、セックスする意の動詞「つるぶ」の名詞形です。その後、稲づまが多く行われ、「稲妻　イナヅマ」（伊《い》京集《きょうしゅう》節用集）あたりから、そういう表記となっていきます。それまでは、「雷」という字をそう読ませていました。

この稲妻、実際のそれをいうよりも、動作がすばやいことや時間が非常に短いことを譬《たと》えていうのに多く用いられます。「稲妻の如く盾を動かした。」（芥川龍之介《あくたがわりゅうのすけ》『偸盗《ちゅうとう》』）などです。

稲荷（いなり）

「稲荷《いなり》」というと、赤い鳥居が見えてきます。その稲荷神社はどこの町にもありますが、京都にある伏見《ふしみ》稲荷が総本社とのことです。キツネがその使いとされるのは、祭神の御饌津神《みけつがみ》（宇賀御魂命《うかのみたまのみこと》の別称）を三狐神《みきつね》と書き誤ったことに由来するようです。

その「稲荷」の「荷」がどうしてりと読まれるのか、その点を、辞書は教えてくれません。古くは、万葉仮名で「伊奈利《いなり》」と書かれています。『山城風土記《やましろふどき》』の逸文には、秦中家忌寸《はたのなかつへのいみき》の遠祖が餅《もち》を的としたところ、白鳥と化して飛んでいき、止まった峰に稲が生えた、とあります。「稲なり生ひ、遂に社の名となしき。」とあるように、それが「伊奈利」となったというのです。

そのようにして、そのようないわれを背景にいなりという社名は行われていたのですが、それを稲荷と書くようになったのは、空海によるもののようです。北畠親房《きたばたけちかふさ》の『二十二社記』に、いなり神社を東寺の鎮守にしようとした空海が、稲を荷《にな》った老翁と出会ったところから、そう書くようになったとあるのです。

そういうお話はお話として、りとには、本来的に、音として通うものでもあったのです。ラ行とナ行は、ともに、上歯茎と舌先で調音される音という点で、近いといえるのです。そういうわけで、稲を荷った老翁との話とは別に、恐らくは、そういう漢字の当て方が行われていたものかとも思えてきます。

いずれにしても、いなりという名前が先にありました。稲荷は、そのいなりに当てられた漢字でした。「荷」をりと読ませるのは、つくられた説話の前に、ラ行の発音がナ行に似通う点があったからと見えてきましょう。

海豚（いるか）

水族館の飼育プールなどで、観覧目的で芸を仕込まれている「海豚《いるか》」、よく見かけます。知能が高くて好奇心に富む性質を利用してのことです。ちょっとかわいそうですが、脂肪は機械油に、肉は食用になります。

「又源氏の方よりいるかといふ魚《うを》一二千這《は》うて、平家の方へ向かひける。」（平家物語・遠矢）とありまして、その魚群の大きさに驚きます。いっそう古く、「鮪 伊留加」（新撰字鏡《しんせんじきょう》）とありました。ただ、その漢字は、しび・まぐろを意味する「鮪」でした。「䱐魳 イルカ …江豚 鯆鱓 已上同」（色葉字類抄）に至って、「江豚」が現れます。『節用集』のあたりまで下っても、その「江豚」です。『大言海』は、「海豚」という表記以外、掲げてありません。「海豚」と書くのは、近世に入ってからなのでしょうか。実は、「江豚《カウトン》」という漢語はあるのですが、「海豚」という漢語はありません。長きにわたって、「江豚」と書かれてきたのは、いかにも当然といえましょう。「江」も、うみという意味です。ただ、日本では、入江などとの結びつきが強いといえましょう。とにかく、この字を避けたい何かがあったように思えてなりません。

いるかの語源、語源好きの『大言海』も、全く触れてくれてありません。そして、これといえるほどの拠《よ》るべきものも見つかりません。中には、その生態というか、一浮一没の泳ぎ方をするので、「入り浮く」がそうなったなどと説くものまであります。

古く古く、「鼻毀《やぶ》りし入鹿魚《いるか》、既に一浦に依れり。」（古事記・中）とあります。あるいは、単純に、海中に入る鹿と見立てた表現だったのでしょうか。その「入鹿」と書く、蘇我入鹿《そがのいるか》、その人名は、どんなことを意味していたのでしょうか。

岩魚（いわな）

「岩魚《いわな》」は、体長三十センチほどの、さけ科の淡水魚です。その側面には赤または黄の斑点があり、背にかけては白色の斑点もあります。腹びれも尻《しり》びれもあって、ともに黄色です。何といっても美味で、珍重されます。

本州の山間部の渓流に分布していて、日本産の淡水魚の中で、最も上流の水域にすんでいます。貪食で知られ、昆虫やその幼虫はもちろん、蜘蛛《くも》や小魚などまで食べるそうです。しかも、おいしいのですから、不思議です。

その岩魚釣りの醍醐味《だいごみ》に魅せられた人に、俳人水原秋桜子《みずはらしゅうおうし》がいます。取った岩魚を入れる籠《かご》を「岩魚籠」といったり、そのために設けた仮小屋を「岩魚小屋」と呼んだりしています。句集『葛飾《かつしか》』の中に登場する言葉で、恐らくは彼の造語でしょう。「葛《くず》の葉と一蔓《ひとつる》かけぬ岩魚籠」「古るままに葛がくれなり岩魚小屋」とあります。

「岩魚」の「岩」がただちにそれとわかりますだけに、残された「魚」がどうして「な」なのか、そこが知りたいところでしょう。「魚」になの訓があるかを溯《さかのぼ》ってみたとき、そこに、「真魚《まな》」という言葉が見つかります。「真」は美称の接頭語ですから、残るは「魚《な》」ということになります。

今では、「魚」を「さかな」とも読みますが、その「さかな」は、「酒菜《さかな》」で、副食物の総称と解されます。「真魚」「岩魚」、そこで、「酒魚」説も立てたくなりましょう。

でも、「岩魚《いわな》」に反対して、「岩穴魚《いわあなうお》」、古くは「岩穴魚《いはあなうを》」の「岩穴」が約音化していわなとなり、「魚」が省略されたとする見方もあるのです。「魚」の部分にどうしてながが相当するのか、なお決めがたいところです。

所謂（いわゆる）

「格式の高い法隆寺や東大寺に比べて、所謂《いはゆる》経営の心労のほどが察せられる。」（亀井《かめい》勝一郎《かついちろう》『大和古寺《やまとこじ》風物誌』）は、筆者亀井が、法輪寺の荒廃を述べているところです。その寺僧たちの努力のさまを、「経営」などという言葉で言いたくはないのですが、適切な言葉もないまま、世間でそう言っているという姿勢を示すために、「所謂」を冠しているのです。

現代仮名遣いではいわゆるですが、歴史的仮名遣いでは、そのようにいはゆるです。「いふ」という動詞の未然形いはに、上代の受身の助動詞「ゆ」の連体形ゆるが付いたものです。上代には、そのように二単語でした。ただ、その形だけがその後も残って、名詞、それを体言といいますが、もっぱらその体言を修飾する言葉となってしまいました。そこで、今では、連体詞の、一単語として取り扱われます。

「今所謂草薙《くさなぎ》の剣《つるぎ》なり。」（日本書紀・神代上）など、上代の文献に認められます。そして、その「所謂」は、「所謂大臣とは、道を以《もっ》て君に事《つか》へ、不可なれば則《すなは》ち止《や》む。」（論語《ろんご》・先進篇《せんしんへん》）など、中国古典の中にあるのです。その「所」は、受身の意味を表す返読文字です。「謂」は、「いふ」です。そこで、その訓読として、いはゆるが採用されたのです。

昭和二十一年十一月、当用漢字が制定されてからは、「所謂」という漢字表記を日常の文章に用いる人は、原則的にはなくなりました。しかし、それ以前は、むしろ好んで用いた評論家もいたくらいです。

似たものに、「所有」があります。これで、「あらゆる」と読みます。返読して「所」をゆると訓む要領、理解できたと思います。

外郎（ういろう）

名古屋の名物、また、京都・山口などのお土産品としても知られる「外郎《ういろう》」、蒸し菓子の外郎、お好きな方も多いと思います。米の粉に水・砂糖を加えて蒸したお菓子です。

外郎には、その外郎餅《もち》とは別に、外郎薬の外郎があります。江戸時代、小田原《おだわら》の名産とされた、痰《たん》の薬です。苦かったかどうかはともかく、薬で味のいいものはまずないでしょう。実は、お菓子の外郎は、外郎薬を飲んだ後の口直しに食べるものということで、外郎薬に対する外郎餅として誕生したのでした。

ただ、外郎薬にしても、外郎餅にしても、どうして外郎というのか、知りたいところです。中国の元の時代に、礼部員外郎《れいぶいんがいろう》という官職にあった陳宗敬という人がいました。元の滅亡後、日本の博《はか》多《た》に移り住み、その子孫が京都で懐中薬を発売しました。さらに、その子孫が小田原で先祖の官職名である外郎を名のって、薬も餅も売り出しました。そこで、その商品までが、外郎と呼ばれるようになったのです。

それにしても、その外郎とは、どんな官職なのでしょうか。それ以上に、「外」をどうしてウイと読むのか、知りたいでしょう。外郎は、低い官職でした。事務官のうちの、あるいは侍従のうちの、定員外のものを、そう呼びました。ガイロウ、歴史的仮名遣いで、グヮイラウ、漢文の時間には、そう読みます。

「外」は、呉音ゲ、歴史的仮名遣いグヱです。漢音は、さきに示しました。この陳宗敬という人、元の時代の人です。その時代の発音を唐音といいますが、「外」の唐音は、ウイだったのです。中国で下級役人を意味した外郎が、日本でお菓子の名前となって残っているのです。

団扇（うちわ）

丸い形で竹と紙でできていて、あおいで風を起こす道具を、「団扇《うちわ》」といいます。冷房の行き届いた最近の住宅には、実用というよりは、観光地のお土産や、どこかのお店の景品として、部屋の飾りのようにもなってきていましょうか。しかし、かつては、湿度の高い日本、夏の必需品であったといっていいでしょう。

「団扇　宇知波」（十巻本和名抄・六）とありますし、「『…いと暑し。』…『うちはも参らむ。』とのたまひて」（宇津保《うつほ》物語・国譲）などからは、その用いられる様子もうかがえます。その後、貴人の顔を隠す道具とも、さらには、戦場における武将の、また相撲《すもう》の行司の軍配団扇ともなっていきます。そうではあっても、風を起こす道具としての、本来の団扇は、それはそれで、変わることなく、現在も用いられています。

「団」は、丸いという意味です。団子《だんご》や団栗《どんぐり》の「団」も同じです。「扇」は、あおぐという動詞、おうぎという名詞を表します。そのあおぐの古典語形は「あふぐ」、その連用形あふぎが名詞となり、いつか、音転して、現代仮名遣いで、おうぎとなったのです。機能は同じでも、その扇《おうぎ》と団扇と、それぞれに使い分けて現在に至っています。

中国の、本来の団扇《ダンセン》は、「帚《さう》を平明に奉じて金殿開き　且つ団扇を以《もつ》て暫《しばら》く徘徊《はいくわい》す」（王昌齢《おうしょうれい》「長信秋詞」）に見るように、宮中で用いられました。大きくて立派なものです。庶民の生活具にまでした日本では、具体的な使い方を示す言葉が用意されました。歴史的仮名遣いでうちは、蚊《か》や蝿《はえ》などを打ち払うところから、「打ち羽」なのでしょう。

台所でご飯を炊くのに使った渋《しぶ》団扇、左《ひだり》団扇で暮らす資産家の旦那《だんな》、いろいろな生活と結びついて、なお生きています。

自惚れる（うぬぼれる）

「惚《ほ》れる」という動詞、この三、四十年、その使用頻数が大幅に減ってきているように思います。異性が好きになって心を奪われるなどという、そんな心理状態に、現代人はなれなくなってしまったのか、この言葉の卑俗性が嫌われたのか、どちらでしょうか。

「惚れた腫《は》れた」という慣用句、その「腫れた」は何のどんな状態をいうのか、どうして「惚れた」と対《つい》になるのか、わかりません。「ぞっこん惚れる」の、その「ぞっこん」という副詞、「惚れる」をしか修飾しないようですが、いかがでしょう。

そんなほれるですが、「聞き惚れる」「見惚れる」という複合動詞となると、ちょっと好感を覚えます。それが、「自惚《うぬぼ》れる」となると、ひとりで得意がる態度が見えて、嫌悪を覚えるものと思います。

ところで、そのうぬは、「汝《なんじ》」という漢字が当たる対称（二人称）代名詞であるはずです。時代劇などで、「うぬ、謀ったな。」などという、そのうぬです。それが、反射指示用法といって、その本人を指すことにもなるのです。「自《う》分《ぬ》が先へ立って」（永井荷風《ながいかふう》『腕くらべ』）などが、その例です。「自惚れる」の「自」も、それだったのです。

「自惚れる」は、「自」も「惚」も、その字義に相当する読みです。ただ、うぬが対称であると思い込んでいる人には、戸惑いが生じます。「自分」とか「おのれ」とかもそうであるように、うぬにも、その性質があったのです。

明治期には、「己惚《おのほ》れる」から名詞化した「己惚《おのほ》れ」もありました。「己惚れかは知りませんが」（夏目漱石《なつめそうせき》『硝子戸《ガラス》の中』）が、その例です。

乳母（うば）

母親に代わって乳児に授乳し、養育する女性のことを、「乳母《うば》」といいます。古来、宮廷貴族の間では、小児のために授乳する女性を置くのが常でした。でも、古い文献の中では、その女性たちは、「乳母《めのと》」と呼ばれています。乳が出るということは、当然、子どもを生んでいるということで、中古の物語類には、その主人公と、乳母の子の、つまり乳兄弟《ちきょうだい》とが、行動を共にする主従として登場することになります。光源氏と惟光《これみつ》や木曽義仲《きそよしなか》と今井四郎兼平《かねひら》との関係も、そうでした。

「めのと」は、妻《め》の妹《おと》が約音化したものと、これは大方そう解されています。古くは、妻の妹が、その任に当たったからだ、といわれています。そして、多くの古語辞典が、その「めのと」の語釈を、乳母《うば》としています。

そのうばという言葉には、乳母の意に先立って、老女を意味する「姥《うば》」や、母の母をいう「祖《う》母《ば》」があったのです。乳母の意のうばは、『日本国語大辞典』に拠《よ》ると、中世の説話集『古今著聞集』が初出となっています。いずれにしても、そう古くはないのです。

「めのと」からうばへの転換は、どう見たらよいのでしょうか。子どもの世話をする人が、その子どもの母の妹から、老女あるいは祖母に移ったということになりましょうか。ただ、母の妹や、まして老女や祖母では、乳の出ようはずもありません。そのように世話をしながら、しかも乳の出る人、それに当たる言葉がないので、便宜的に「めのと」やうばが借り用いられたのでしょうか。

乳母そのものがいなくなりました。一語だけ「乳母」を残してくれていた乳母車も、いつかベビー・カーになってしまっていました。

云々（うんぬん）

「云々《うんぬん》」という言葉、一字で使うときは「云《い》う」ですから、ウンはその字音で、それは、その「云々」という熟語以外、用いられません。以下に続く文句を省略するときに用いる、そういう符号のような言葉です。その「云」は、一字ではウンなのに、同じ字を重ねた、いわゆる踊り字部分の「々（＝云）」は、どうしてヌンと読むのか、気になる方も多いと思います。

下の「云」がヌンとなるのは、上の「云」の末音のン、つまりnの音が、その「云」のuと融合したからで、その結果としてヌとなったということです。「云」字に、ヌンという音があるわけではありません。

この現象が、いわゆる連声《れんじょう》です。このように、二つの語が連続するときに起こる音韻上の変化です。「観《かん》」と「音《おん》」とから成る「観音」が、カンノンとなるのと同じです。「観音」のノンも、「云々」のヌンも、ともに、上のン（＝n）を受けた結果なのです。

したがって、歴史的仮名遣いの表記の中では、うんうんと書かれることになります。古くは、「ある人のいはく『……』と云々《うんうん》。」（発心集《ほっしんしゅう》・三）や「たたりをなされけり。悪霊左府と名づく云々《うんうん》。」（宇治拾遺《うじしゅうい》物語・一八四）のように、「いう」意を表す文末語で、うんうんでした。連声が起こっていても、そう表記されました。

最近は、「事件の経過云々については、改めて申し上げません。」など、省略を意味する用法のものよりも、「周囲から云々することはない。」など、「とやかく言う」意の「云々する」という動詞としての用例のほうが、どうも多いようです。いっそう、ヌンと読む理由は、見えなくなっていくように思えます。

似非・似而非（えせ）

外見だけで実はそうではないという意味をつけ加える造語成分に、「似非者《えせもの》」「似非」があります。接続の「而」を入れて、「似而非」とも書かれます。この言葉、けっこう古くからあるのです。「えせ匠《だくみ》」は伎量《ぎりょう》のまずい大工、「えせ太刀《たち》」はよく切れない刀、ということです。「えせ博士《はかせ》」「えせ法師《ほふし》」なども、いかがわしいとか偽《にせ》のとかいう気持ちからでしょうか。

「生ひ先なくまめやかにえせ幸ひなど見てゐたらむ人は、」（枕草子《まくらのそうし》・二四）や「わびしげに見ゆるもの…汚げなる車にえせ牛かけてゆるがし行く者。」（同・一二三）など、『枕草子』は、このえせを冠した言葉をしきりに用います。さらに、「右衛門尉なりける者の、えせなる男親を持たりて、」（同・二六七）ともあったのです。山田孝雄《よしお》『平安朝文法史』は、正しいものになりえない意を表す「えせぬ」の略かといっています。語源をそう解してよいかどうかはともかく、身分低い意の形容動詞の一用例を見るのです。

「えせなり」というナリ活用形容動詞は、孤例といっていいような用例ですが、中世には、「たり」を添えた「悪 エセタリ」（運歩色葉集）を見ることになります。その「たり」は、完了の助動詞なのでしょうか、断定の助動詞なのでしょうか。「えせ」が漢語と意識させたタリ活用形容動詞なのでしょうか。あの「悪㆓似而非者㆒、悪㆑莠、恐㆓其乱㆒㆑苗也＝似て非なる者を悪《にく》み、莠《いう》を悪むは、其《そ》の苗を乱すを恐るるなり。」（孟子《もうし》・尽心章句下）の「似而非」と結びつくのは、意外と新しいようにも思えてきました。

還暦とは、満六十歳（数え歳六十一歳）で、再び生まれた年の干支《かんし》に還《かえ》るから、そういうのです。

干支（えと）

その干支とは、十干《じっかん》と十二支《じゅうにし》を組み合わせて年を数える数え方です。十干の甲《こう》・乙《おつ》・丙《へい》・丁《てい》・戊《ぼ》・己《き》・庚《こう》・辛《しん》・壬《じん》・癸《き》を五行《ごぎょう》の木《もく》・火《か》・土《ど》・金《ごん》・水《すい》に二つずつ分けて、それぞれを陽の気を表す「え」と、陰の気を表す「と」に当て、これに十二支の子《ね》・丑《うし》・寅《とら》・卯《う》・辰《たつ》・巳《み》・午《うま》・未《ひつじ》・申《さる》・酉《とり》・戌《いぬ》・亥《い》を組み合わせていくものです。

その組み合わせの第一組は、「甲」と「子」とで、それを「甲子《きのえね》」と読みます。「木《き》」の陽である「え」と「子《ね》」との組み合わせだからです。第二組は、「乙」つまり、「木」の陰である「と」と「丑」とで、「乙丑《きのとうし》」、第三組は、「丙」、「火」の陽である「え」と「寅」とで、「丙寅《ひのえとら》」ということになります。第十組は、「癸」、「水」の陰である「と」と「酉」とで、「癸酉《みずのととり》」、そのように第十一組は、「甲」と「戌」とで、「甲戌《きのえいぬ》」、第十二組は、「乙」と「亥」とで、「乙亥《きのとい》」となっていきます。

第六十組は、「癸」と「亥」とで、「癸亥《みずのとい》」、というふうに組み合わせが進み、十と十二の最小公倍数六十となって、全組み合わせが終了します。第六十一組は第一組と同じで、「甲子《きのえね》」となります。

そのえは兄の意であり、とは弟の意です。中国やインドの暦学が意味する陽と陰とを、日本では、兄と弟を意味するえととに当てたのです。ただ、えはそれで兄の意の言葉ですが、とは、弟の意の「おと」のとであって、とだけで弟を意味する言葉はないのです。この干支の読み方としてだけ、そうしたのです。

「干」がえで「支」がと、というわけではありません。十干と十二支の組み合わせを、えととに分けていったところから、「えと」と呼んでしまったのです。

海老（えび）

「海老《えび》」は、淡水でも、海水でも、ともに生きています。したがって、「海老」の「海」は、「川」でもいいのではないか、などと、早速にいわれそうです。

その「海老」は、古くから、そう当てられています。「鰕… 衣比　俗に海老を用ゐる」（和名抄・一九）とありまして、その漢字は「鰕」を掲げたうえで、一般には「海老」を用いると添えてあります。ただ、辞書によっては、この言葉、多様な一字漢字が紹介されます。「鱏 エビ」（類聚名義抄《るいじゅみょうぎしょう》・僧下二）・「鰕 エビ」（同・僧下四）・「鰝 エヒ」（同・僧下一四）・「⿰魚見 エヒ」（同・僧下一五）・「⿰虫長 エヒ」（同・僧下三四）・「⿰虫州 エヒ　⿰虫幽同　⿰虫慈同」（同・僧下四二）と、八文字にも及んでいます。

しかし、下って、『節用集』の時代に入ると、そのすべてが、「海老」という表記一つになってしまっています。腹部を折り曲げて進む、この節足動物を、海の翁に見立てて、「海老」と書く慣行は、一方に多くの一字漢字の存在を認めながらも、定着していきました。そうでありながら、さらに、和製漢字の「蛯《えび》」をまで生んでもいました。「海老」なくしては生まれない漢字です。

葡萄《ぶどう》のことを「えび」ともいいます。その古名「えびかづら」は、海老に似た蔓草《つるくさ》ということで、その省略形が、「葡萄《えび》」なのです。「紫葛… 蒲萄　衣比加豆良乃《の》美」（和名抄・二〇）とあるのですから、それは、古代のことです。それがどう関わるのか、明治になってから造語されたと思われますのに、「葡萄茶」と「海老茶」、両表記とも行われています。

海の老いのえび、語源は、「柄髭《えひげ》」か「吉髭《えひげ》」かなどといわれています。そして、葡萄も、蔓の髭に似通いを認めたからでしょうか。

花魁（おいらん）

歌舞伎《かぶき》の「助六《すけろく》」「籠釣瓶《かごつるべ》」などの舞台で見る「花魁《おいらん》道中」、ごく最近まで、観光用として、東京都台東区の、あの吉原で、その行列が行われていました。もちろん、実際の花魁がいた時代には、禿《かむろ》や遣手《やりて》を従え、寝具や化粧道具を持たせて、盛装をした花魁が、そのように揚屋《あげや》入りしたのでしょう。

その「花魁」という言葉は、姉女郎に限って、そういいました。続いて、位の高い遊女を、そういうようになりました。その後、さらに、一般の女郎、娼妓《しょうぎ》をも、そう呼ぶようになりました。したがって、はじめは、妹女郎や禿が、限られた姉女郎、自分たちの姉女郎を、そういうだけだったのです。そういったのは、江戸の吉原でだけでした。自分の姉女郎に対して、一種の親しみを表すためといいましょうか、大切に思う気持ちを表そうとしたためといいましょうか、「おいらの（姉女郎）」といったのです。本来は男性専用の「俺《おれ》ら」ですが、古くは、広く男女とも用いました。その音便形おいらに助詞「の」を付けて、いつか、「の」が名詞「姉女郎」の代わりをしていました。準体助詞といわれる「の」で、この場合、〈の姉女郎〉を意味します。その「おいらの」がおいらんになったのです。

洒落本《しゃれぼん》などで、その言葉に当てられた漢字としては、「姉妓」「姉娼」、また「全盛」などが主なものといえますが、とにかく、多様です。「傾城」などは当然のこと、中には、「阿異卯」などという宛字《あてじ》までありました。

結局、物言う花《はな》の魁《カイ》と見て、そう当てるようになっていきました。「花」は美しい女の譬《たと》え、「魁」は頭が大きく丸い人形ということです。「華魁」も行われましたが、今では、「花魁」に落ち着いたといえましょう。

女将（おかみ）

現代語として「おかみ」といったとき、政府や役所、ちょっと古くは天皇や朝廷を指してもいった「お上《かみ》」と、料亭や和風旅館の女主人をいう「女将《おかみ》」ということになりましょう。いま一つ、接尾語「さん」を切り離せない言葉として、商家の主婦や相撲《すもう》部屋の親方夫人を少々敬っていう「お内儀《かみ》さん」があります。

「お上のお慈悲で、命を助けて島へ遣《や》って下さいます。」（森鷗外《もりおうがい》『高瀬舟』）は、役所を指してそういっている例でしょう。それに対して、「身長《せい》高く肉付の可《よ》い女は年頃《としごろ》二十三四。此家《この》の女将であらう、不断着らしい節糸《ふしいと》の小袖《こそで》にお召の前掛を締め」（永井荷風《ながいかふう》『夢の女』）は、現代ではそう呼ぶのはかわいそうな年若な女性ではありましょうが、とにかく、そこの女主人です。

「お上」は、女房詞《にょうぼうことば》として誕生しました。天皇や、また朝廷をいう言葉でした。その後も、公家《くげ》言葉として、同じ意味で用いられました。それが、いつか、時代の流れで、幕府を指していったりするようにもなります。「公儀《おかみ》へ対した不法がなけりゃあ」（春色梅児誉美《しゅんしょくうめごよみ》・初）などが、それでしょう。

それが、さらに、臣下から主君をいう言葉として、公家だけでなく、武家にも用いられました。やがて、それは、商家にも及んで、それが、お内儀さんです。さらに、一般家庭の主婦をもいうようになります。

料亭の女主人をいうようになった契機は、何だったのでしょうか。「女将」は、女性の総指揮者、つまり女の大将ということで、そう書くようになったものと見られています。「僕は問はずして新喜楽のお上《かみ》なることを暁《さと》つた。」（森鷗外『追儺《ついな》』）は、そういう意味で用いながら、表記はそうなっていなかった例です。

晩稲（おくて）

心や体の成長が遅れていて子供っぽい人のことを、おくてといい、「うちの子は、おくてだから。」といったりします。こんな用例からは、おませに対応する関係と見てもよいようです。そして、どんな漢字を書いたらよいか、ちょっと浮かんでこないでしょう。

野菜や果物で、生長や成熟の遅いものについても、そういいます。この場合は、「晩生《おくて》」と書いたりしましょう。

そのおくては、古くからある言葉です。人間についていうのは、後世の比喩《ひゆ》的用法で、植物についていうだけですが、その植物の範囲は広かったといえます。「咲く花もをそろは厭《いと》はし奥手《おくて》なる長き心になほしかずけり」（万葉集・一五四八）は、遅咲きの花を譬《たと》えに引いている例です。「をそろ」はせっかちということで、咲く花も早咲きは嫌いだ、遅咲きの長い心には及ばない、といっているのです。

しかし、多くは、何といっても稲についていいました。「稲… 早稲 和勢 晩稲 於久天」（和名抄・一七）で明らかなように、「早稲」がわせ、「晩稲」がおくてであるといっています。「朝露のおくての山田かりそめに憂き世の中を思ひぬるかな」（古今集・哀傷）は、その部分、「置く」と「晩稲《おくて》」の「おく」とを掛けています。農夫が朝露のおりている晩稲の山田を刈りに出ているが、私はこのごろ憂き世というものをかりそめのはかないものと思うようになってしまった、というのです。

そのおくて、『万葉集』にもありましたように、「奥手」を語源と見てよいようです。ただ、その「手」は「様《さま》」を意味すると見なければなりません。それを、稲の場合に当てはめると、「晩稲」ということだったのです。

白粉（おしろい）

俳優や芸者さんは、いまでも、毎日、「白粉《おしろい》」を塗っていましょう。一般の人にとっては、白粉といっても結婚式場で見る花嫁さんの顔ぐらいとなりましたでしょうか。それに、若い世代は、それも、ファンデーションといったりするようです。

その白粉、平安時代には「裳《も》、唐衣《からぎぬ》に白い物移りてまだらならむかし。」（枕草子《まくらのそうし》・一八四）などに見るように、「白い物」といいました。その「白い」は、当時としては多くが「白き」といったところをイ音便化させたものです。女性だけでなく、舎人《とねり》など、宮中の警備に当たる者までが塗っていました。

その化粧法は、古く古く、中国の太古から発達していたようです。殷《いん》の紂王《ちゅうおう》が鉛を焼いて作ったとか、周の文王が創案したとか、そのようにも伝えられています。『日本書紀』にも、持統天皇の六年（六九二）に、僧観成が美しい白粉を製して賞を受けた、という記事があります。

さて、清少納言《せいしょうなごん》などが用いた「白い物」という言葉、次の時代の、宮中に仕える女房たちにも引き継がれました。その女房たちは、宮中や院の御所という、その世界特有の言葉を生んでいきました。いわゆる女房詞《にょうぼうことば》です。彼女たちは、その一つの傾向として、接頭語「お」を付けて下位要素を省略する語形を好みました。「強飯《こはいひ》」に「お」を付けて、やがて「おこは」とするなどです。それが、今のおこわです。おでんもお冷《ひ》やも、それです。

「白い物」に「お」が付きました。やがて、「お白い」となっていきました。「白粉」という表記、『節用集』は、ほとんどが採用しています。ただ、一部、「或《ある》いは白物に作る」ともしてありました。そこには古い語形も残っていたということです。

大人（おとな）

現代語としての「大人《おとな》」は、成人を意味します。仮に「あの子は、考え方が大人だ。」といっても、そして、それを判断力が十分であることを意味するといっても、それは、成人という意味を背景に、比喩《ひゆ》的にいったものでしかありません。

しかし、それが、中世の日本語にあっては、年長者、また、郷村の代表者、家老などを意味していました。さらに中古に遡《さかのぼ》ると、女房と呼ばれる侍女たちのかしらのことを、そういっていたのです。

もちろん、いっそう古くから、成人式を終えた者、子どもに対する成人をいうのに用いられてきてもいました。上代から、この言葉は、そういう意味をベースにして生き続けてきています。

ただ、この言葉は、その古い時代には、名詞から派生した「おとなし」という形容詞、今の「おとなしい」の前身としても用いられていました。当初は、成人している意を表した、その「おとなし」は、いつか、従順で温和だの意の「おとなしい」へと、意味拡張までさせました。

おとなの語源については、『大言海』までが「大人成《おほひとなり》」の約略といっているほどですから、わかろうはずがありません。そのなは、「翁《おきな》」のななどと通いましょうから、そのなが人の意を表すとも見られましょうが、それ以上、何ともいえません。おとなという言葉ほど、捉えにくい言葉はないといっていいでしょう。

古代中国語の「大人《タイジン》」は、徳ある者、また、敬称などでしょうか。近世擬古文の「大人《うし》」は、その意を受けて採用したものでしょう。古代語の「うし」は、土地を領有する人や物事を主宰する人を尊敬していっています。それを近世の国学者が活かして用いたのでした。

成人の意のおとなに「大人」を当てるのは、中世からでしょうか。ただ、『節用集』のうちでも、それは、『天正十八年本節用集』だけでした。

十八番（おはこ）

とっておきの得意とする芸を、「十八番《おはこ》」といいます。時には、そのまま音読して、十八番《じゅうはちばん》ということもあります。社員旅行などで、少々、上司へのへつらいをも忍ばせて、「いよっ、待ってました十八番。」というように、掛け声に使ったりすることもありましょう。

ところが、そのおはこ、近世のある時期から急に見られるようになります。そして、「得意」とか「御箱《おはこ》」とかを、そう読ませています。特に「得意」を用いる例は多く、明治になってからも、「柳枝が得意の鉤客告条《あとひきこうでう》」（坪内逍遥《つぼうちしょうよう》『当世書生気質《かたぎ》』）など、けっこう現れます。

おはこは、その後、転じて、その人がよくやる動作、また、よく口にする言葉をも、そういうようになりました。「復《ま》た、阿爺《おとつ》さんの十八番《おはこ》が始まつた。」（島崎藤村《しまざきとうそん》『家』）や「立派にやつてゆけない時は君の十八番《おはこ》の家出をしてもらへばいい。」（武者小路実篤《むしゃのこうじさねあつ》『世間知らず』）などが、その例です。前者はいつもの自慢話を、後者はいつもの家出を指しています。そして、その十八番という表記も、定着していきました。

おはこのはこは、単なる箱です。おは、接頭語のおです。ですから、「御箱」と書いた、その表記こそが、本来のものだったのです。もちろん、その箱の中には、歌舞伎《かぶき》の市川家が代々にわたって得意とした歌舞伎十八番の台本が入れてあったのです。その箱に敬意を込めて、そう呼んだのでしょう。

したがって、その内容が見えるように書くと、「得意」とか「十八番」とかになるわけです。「十八番」に定着した背景には、音読してそういうこともあったことが一因となっていましょうか。さらには、文字と読みの意外さを楽しんだところもあったかと思います。

お神酒（おみき）

お祭りの日、葭簀《よしず》張りのお旅所《たびしょ》などには、町内の有力者からのご寄付の金額や品目名などが貼り出されます。その中には、当然、お酒もありまして、「御神酒　二升」などと書いてあったりします。

この言葉、現代語としては、どうしてもおが必要で、そのおは、普通の接頭語の「お」とは、ちょっと違うようです。そのように、取り外しのできないおが、現代語には、確かにいくつかあります。「おでん」「お冷や」のお、「おにぎり」「おむすび」のおなど、そういえるものの一部でしょう。

現代語の「お神酒」は、その字のとおり、神前に供えるお酒ということで、とにかく、おが外せません。しかし、ずっと古くには、「この神酒《みき》（美岐）はわが御酒《みき》（美岐）ならず」（古事記・中）のように、おがなくても用いられました。そもそも、おがない時代でした。このお酒は私が作ったお酒ではないということで、その「み」は、今のおに近く、美称、また敬称の接頭語、下のきは、酒の古称です。すると、おみきは、酒という名詞が接頭語を二つも付けていることになりましょう。「御酒」でもよいみきでしたが、「神酒　ミキ」（色葉字類抄）以来、この熟字を定着させてきます。

そして、そのように、接頭語お・みを冠する言葉に「おみ足」「おみおつけ」などもありました。そうでした。『天保水滸伝《すいこでん》』に登場する剣客の平手造酒《ひらてみき》は、「造酒」と書くみきでした。みの意味がわからなくなった熟語みきとなっていたからでしょう。

女郎花（おみなえし）

秋の七草とは、秋の野に咲く七種の草花です。山上憶良《やまのうえのおくら》という歌人が、「萩《はぎ》の花尾花葛花《くずばな》なでしこの花女郎花《をみなへし》また藤袴《ふぢばかま》朝顔《あさがほ》の花」（万葉集・一五三八）と詠んでくれてあります。

その「女郎花」、憶良の歌の原文には、「姫部志」とあります。「姫」の読みはしばらく措《お》くとして、次の「部」と「志」は万葉仮名で、へ・しと読めます。同じ草花と思われるものを、「乎美奈敝之」（同・三九四四）と書いてもあります。そこで、その「姫」は、をみなを表すものと見えてきましょう。

そのをみなへしという草花、菅原道真撰《すがわらのみちざねせん》『新撰万葉集』では、「をみなへしにほへるのべに…」という歌を漢訳した、その漢詩に「女郎花」と書いてあるのです。そこで、「女郎花」と書いて、をみなへしと読まれることになるのです。「女郎花　新撰万葉集に女郎花と云《い》ふ　倭歌《わか》に女倍芝《をみなへし》と云ふ」（和名抄・二〇）が、その表記を、世に広めたといっていいでしょう。

ただ、中国の文献に見る（女郎花《ヂヨラウクワ》）は、木蘭《もくらん》の一名であったり、辛夷《こぶし》の一名であったりするのです。それが、どうして、この花をいう熟語となってしまったのか、そこはわかりません。中国では、をみなへしは「竜牙《リヨウガ》」だそうです。

をみなへしのをみなは、「姫」とも「女」とも書かれますから、若い女性をいうことになりましょう。へしは、負かすの意の「圧《へ》す」という動詞、その名詞形です。つまり、美女をも圧倒するような、そんなすばらしい草花ということなのです。

そんなわけで、「圧女花」とでも書いてほしいをみなへしを、『新撰万葉集』がそう書いた、その表記に従って、「女郎花」と書いて今に至っているのです。

女形（おやま）

歌舞伎《かぶき》では、女の役も男が演じます。その役者のことを、女形《おんながた》といいます。その女形《おんながた》のことを「女形《おやま》」ともいいます。なお、そのように、女の役を男が演じるようになったのは、女性の出演が風紀を乱すということで禁じられたからです。

その女形《おんながた》をいうおやまと関係あるかどうかはともかくとして、江戸時代、上方で、遊女のことをそういいました。「石垣の御山ども、まま喰《ぐ》ひさして、走り出《い》で」（西鶴置土産《さいかくおきみやげ》・三）の「御山ども」が、それです。太夫《たゆう》とか天神《てんじん》とかいわれる遊女以外の、下級遊女を、そういったのです。その後、一般の遊女をもそういうようになりました。

一方、美人のことも、そういった例を見ます。そのおやまが、女の人形を使う人形使いを呼ぶのにも用いられたのか、とにかく、女の人形を使う人形使いも、そう呼ばれました。そして、さらに、それが歌舞伎の世界に移って、上方の女形《おんながた》に対して、江戸では女形《おやま》と呼んだというのです。

ところが、女形《おやま》人形使いと関係して、いま一つ、その名人の名前だとする説があります。小山次郎三郎の小山人形から出たとするのです。「小山」の仮名はをやまで、実際、そう書く例も多く、いよいよわからなくなります。

そういうわけで、この言葉、語源がわからないだけでなく、仮名遣いも、おやまかをやまか、わからないのです。この言葉の由来、江戸時代から、諸説あって整理できません。下品この上ないのですが、「男でござるとひんまくる旅女形《たびおやま》（文政）」、その場面、見てもいないのに見えてきてしまいます。

大蛇（おろち）

身は一つ、頭と尾と、それぞれ八つある大蛇というと、それは日本神話に登場する八岐《やまた》の大蛇《おろち》です。素戔嗚尊《すさのおのみこと》が高天原《たかまがはら》から出雲国《いずものくに》の肥川《ひのかわ》の上流に天下《あまくだ》ったとき、稲田姫《いなだひめ》を食いに来た、その大蛇を退治します。そのときの大蛇が、八岐の大蛇です。

その八岐の大蛇を、原文の一つは、「八俣遠呂智」（古事記・神代）と書いてあります。「遠」はをを表す万葉仮名ですから、大蛇は、歴史的仮名遣いで書くと、をろちということになります。いま一つの原文は、「八岐大虵」（日本書紀・神代上）とあって、その「大虵」ををろちと訓《よ》ませています。その「虵」という漢字は、辞書に「虵　倍美　一名久知奈波…　虵　乎路知」（和名抄・八）とありまして、「へみ」とも「くちなは」とも、そして、をろちとも訓まれることになります。

「へみ」は、今の蛇《へび》です。「くちなは」は、朽《く》ち縄、つまり腐った縄ということで、腐った縄に似ているところからそういった、蛇の異称です。さて、をろちはというと、をは尾、ろは接尾語、ちは霊力の意を表す言葉か、といわれています。「みづち（鮫竜）」のちも、それと同じちです。大蛇は、そういう霊力あるものと見られていたということでしょう。

古辞書には、「虵　ヲロチ」（色葉字類抄）や「虵蛇　ヲロチ」（類聚名義抄《るいじゅみょうぎしょう》・僧下）など、そういう漢字で現れ、「大蛇」という表記がいつごろから行われたか、よくわかりません。そして、この言葉そのものが一般には用いられなかったようにも思えます。いま、私どもがそういうのは、どうも謡曲の「大蛇」など、つまり、八岐の大蛇の話を通してのようです。一方に、「大蛇《だいじゃ》」が、中世のころから行われています。本来、漢籍に存在した言葉です。

作物を荒らす鳥類を追い払うため、かつては、田畑には、「案山子《かかし》」が立てられていました。最近は、田畑の周囲に綱を張って、それに小さな空き缶をぶら下げるなどして、その音で驚かしているようです。烏《からす》も雀《すずめ》も、賢くなって、人形などには驚かなくなったのでしょうか。

案山子（かかし）

案山子は、古くは、鳥類だけでなく、獣類もまた、追い払わなければならない存在でした。むしろ、そちらが主だったようです。「Cagaxi:猪《いのしし》とか鹿《しか》とかをおどすために、耕作地に立てるおどし」（日葡《にっぽ》辞書）とあるとおりです。しかも、そのころは、かがしというように、第二音節は濁音でした。このかがし、さらに遡《さかのぼ》ると、鳥類の嫌う臭いを出して近づけないようにしたものをいったのでした。獣の肉を焼いて串《くし》に刺したり、毛髪やぼろ布などを焼いたものを竹に下げたりしたのです。つまり、臭いを嗅《か》がせる意の「嗅がせ」から来た言葉だったのです。

本来、人型《ひとかた》の案山子は、上代では、「そほど」「そほづ」でした。「謂《い》はゆる久延比古《くえひこ》はいまに山田のそほどといふぞ。」（古事記・上）とあるように、くえ彦《ひこ》という名で、神として扱われました。民俗学では、神の依代《よりしろ》と見て、道案内するものと解しています。それが、鳥獣を追い払う道具に転用されたのでしょうか。

小学唱歌「案山子」にもありますように、山田の中の一本足の姿が、山に向かって思案している人間に似ているところから、「案山子」と当てるようになったのでしょう。「子」は、人を意味しています。

神楽（かぐら）

神前で、その神に奉納する舞楽を、「神楽《かぐら》」といいます。宮廷で行われてきたものと、各地の神社で行われてきているものとがあって、後者は、いわゆる里神楽です。その里神楽も、古くは、鼓や銅拍子《どびょうし》を打って巫女《みこ》が舞うものだったでしょうが、現在は、笛や太鼓を用い、面をつけて身振り手振りの演技を伴うものとして伝承されてきてもいるようです。

神楽の起源について、はっきりそういう記録があるわけではありませんが、『古事記』に残る天《あま》の岩戸《いわと》伝説と結びつけられているようです。天照大神《あまてらすおおみかみ》が、弟の須佐之男命《すさのおのみこと》があまりにも乱暴を重ねるのに怒って、天の岩屋に籠《こも》っておしまいになりました。そこで、天宇受売命《あめのうずめのみこと》が襷《たすき》をかけ、鬘《かずら》をつけ、笹《ささ》の葉を持って、胸乳《むなち》もあらわに、手振りおもしろく踊ったのでした。それによって、八百万《やおよろず》の神々とともに、天照大神のお怒りを鎮めることができました。これが、神楽となった、というのです。

ただ、本来、その神楽は「神座《かむくら》」であった、と考えられています。その「座《くら》」は、神に奉納する「幣《みてぐら》」の「くら」などと同じく、一段高くしつらえた場所をいう言葉でした。その「神座《かむくら》」の「神《かむ》」、そのように複合語の前項の場合、「かみ」でなく、古くは「かむ」でした。その「神座《かむくら》」の「む」が撥音《はつおん》化して表記されなかったところから、かぐらとなったものと見られます。

その「神座《かぐら》」を、そこに奉納する舞楽にふさわしく、しかもらの音に結びつけて、「楽」を採用するようになったのでしょう。神の座、神が降臨する場所をいう言葉を、そこに奉納する舞楽をいうのに用いるようになってしまった、といっていいでしょう。

陽炎（かげろう）

春や夏の晴れた日、とりわけて直射日光の強い日に、地表近くの景色がゆらめいて見えることがあります。それを「陽炎《かげろう》」と呼びます。古典語の「陽炎《かげろふ》」です。地面から暖められた空気がゆらゆらと立ちのぼったためだそうです

その陽炎、平安時代以降の和歌においては、しばしば、あるかないかに見えるものなどの、譬《たと》えとされてきています。ただ、それは、同じ発音の「蜻蛉《かげろう》」が、歴史的仮名遣い「かげろふ」となった、いうならば、混同して解された結果でもあったかともいわれています。もっとも、そのはかない存在の蜻蛉《とんぼ》をいう「かげろふ」は、飛ぶ様子が陽炎のひらめくさまに似ているところからの命名ですから、そういう誤解があっても当然でしょう。

かげろふは、上代には、かぎろひでした。「東《ひむがし》の野にかぎろひの立つ見えて返り見すれば月傾《かたぶ》きぬ」（万葉集・四八）のかぎろひです。そのかぎろひを、五十年ほど前までは、影が揺れている意の動詞「かぎろふ」があって、その名詞形と見ていました。ところが、上代には「ひ」の音に二種類あって、「火」であることが明らかになりました。今では、ちらちら光る意の動詞「かぎる」と「火」とから成る「かぎる火」の変化したものと解されています。

上代語かぎろひが、次の中古には、かげろふとなりました。その後、蜻蛉のかげろふを派生し、さらには混同を起こしたりしました。「蜻蛉…加介呂布」（和名抄・一九）はあっても、その辞書には、あいにくと、陽炎のかげろふは載っていませんでした。少し下ったものに、「炎 カケロフ」（類聚名義抄《るいじゅみょうぎしょう》・仏下末）が見つかりました。さらに下って、「陽炎 カケロフ」（書言字考節用集）が、やっと見つかりました。

河岸（かし）

最近は、本来の意味の「河岸《かし》」について、その言葉を聞くことがなくなりました。船荷《ふなに》の積み下ろしなどをする川の岸をいうのが、その本来の用法であろうと思うのですが、そういう場所がなくなったのですから、当然といえば当然でしょう。「河岸を替えて飲もう。」という、その河岸は、どこに船を着けるか、船着き場を探す心理とも重なって、みごとな比喩《ひゆ》といえましょう。「魚河岸」の河岸は、もはや市場の意味を担うものとなってしまっていましょう。単に河岸というと、もう、この魚河岸のことになってしまいましょうか。

河岸は、河川を利用しての物流と関係して使われるようになった言葉と見られます。用例は、近世からに限られます。「川岸」と書かれもしています。既存の地名と結びつけていったことは、あの「明治一代女」の歌詞「浮いた浮いたの浜町《はまちょう》河岸に　浮かれ柳の恥ずかしや」からもうかがい知れましょう。

河岸も川岸も、その場所を示しえてはいますが、しかし、かしという言葉とは直接しません。古くに、「牂牁《かし》」というものがありました。水中に船を繋《つな》ぐために立てる杭《くい》や棹《さお》のことです。そのかしは、縛りつける点を同じくする刑具の「枷《かせ》」とも通うもので、手枷・足枷など、実際、「かせ」と発音されてもいました。

その「牂牁」を立てる所が、かしという言葉で呼ばれるようになった、文字だけは「河岸」「川岸」と当てて、かしと呼ぶようになった、そういう理解をしたいように思います。新井《あらい》白石《はくせき》『東雅』に従った解釈です。「かはぎし」が約音化してかしとなったなどは、どうみても無理でしょう。

黄鶏（かしわ）

鶏肉を、一般に、「黄鶏《かしわ》」といってしまっているようです。それほどに、黄鶏雌鳥《めんどり》の肉が美味だったからでしょう。本来は、黄鶏雌鳥の肉だけがそう呼ばれるべきでしょうが、そうではない鶏肉までそういって売ったりしたところから、いつか、鶏肉を、広くそう呼ぶものとも思われてしまっているのでしょう。

この鶏、羽毛が茶褐色で、和鶏《わどり》とされています。そもそも、鶏は、アジアの東南部に自生していたものが世界に分布したもので、日本には、古く神代の昔からいたことは明らかで、あの天《あま》の岩戸《いわと》の話にも出てきます。本来の名称は「かけ」、飼育されて「庭つ鳥」といわれるようになったのでしょう。「つ」は、「の」ということで、「庭の鳥」ということです。

そうであるのに、この黄鶏、もちろん歴史的仮名遣いではかしはでしょうが、近世になってからの文献の中にしか見られません。もっとも、この黄鶏は、本来の鶏の使命とは別の、新しい使命をもって登場したといってもいいのです。古い時代の鶏は、時を告げるためのものでした。ところが、この黄鶏は、もっぱら食用として飼育されたもののようです。文献には載りにくいようにも思います。黄鶏《かしわ》と呼ばれる所以《ゆえん》については、羽の色が茶褐色の柏《かしわ》の葉の色に似ているからなどともいわれます。これを認めたうえで、あの『大言海』は、「或《あるい》ハ云《い》フ、蕃語《ばんご》ナリト」ともいっています。

現代語として、おおまかにいって、この言葉、関西の言葉ということになりましょうか。気のせいか、関東では普通のお肉屋さんでそう呼ぶことは少なく、デパートやスーパーマーケットの食品売場に限られるように思えます。

飛白（かすり）

「紺《こん》の飛白《かすり》に書生下駄《げた》をつっかけた青年」（有島武郎《ありしまたけお》『或《あ》る女』）などと紹介されるように、当代の若者、特に学生は、その飛白を着て現れます。輪郭がかすったあとのような、そういう模様の着物です。

紺飛白に対して、白飛白は、白地に逆に紺や黒の模様を染め出した飛白です。蚊《か》飛白や矢飛白は、模様からそう名づけられたものです。産地から、伊予《いよ》・久留米《くるめ》・薩摩《さつま》などの名を聞くこともあります。

この飛白、少なくとも中世からは、ある程度普及していた織物のようです。「Casuri：着物に施された雲に似た彩色の一種」（日葡《にっぽ》辞書）とあるからです。かすったように模様をつけてあるので、そう呼んだのでしょうから、実に単純な命名です。

ただ、そのかすりにどういう漢字を当てるかについては、悩んだ人もいました。喜多川守貞《きたがわもりさだ》という人の随筆に「かすり。字未詳《いまだつまびらかならず》、如何《いか》なる字を用ふる乎《か》。恲の字等と書くと雖《いへど》も未慥《いまだたしか》ならず。…」（守貞漫稿・一七）とあるからです。かすりに当てる字がよくわからない、どんな字を用いるのか、恲などとも書くがはっきりしない、といっています。

一時期、「恲」であったとしても、その字に染織関係の意味はありません。いま用いる「絣《かすり》」をそう書いたものでしょうか。「絣」は、縞《しま》織りの布を意味します。

音読する「飛白《ひはく》」は、もと書体の名で、かすれた書き方をするものです。中国の後漢の蔡邕《さいゆう》という人が始めたといわれています。いつ、だれがそうしたのか、そこにかすりを結びつけていったもののようです。明治の文献は、ほとんどが、その表記を採用しています。

風邪（かぜ）

空気が気圧の高いほうから低いほうへと流れていく、その流れを、風といいます。上代以来、ずっと変わることなく用いられつづけてきている、日本語の基本語彙の一つといっていいでしょう。その同じかぜという言葉が、感冒《かんぼう》とも呼ばれる病名の一つにも用いられて、これも長い歴史ある言葉となっています。

「風いと重き人にて、腹いとふくれ、こなたかなたの目には、杏《すもも》を二つ付けたるやうなり。」（竹取物語・㈥）は、大伴大納言《おおとものだいなごん》のことをいっているのですが、「風病《ふびやう》」ともいわれるかぜに弱い人だったというのでしょう。厳密には、「しはぶきやみ（＝感冒）」とは違うともいわれますが、とにかく病名としてのかぜが用いられています。

病名としてのかぜは、長くそのようにいわれてきているわけですが、「風邪《フウジヤ》」という漢熟語と結びつくのはいつごろなのか、なおはっきりとは断言できません。その前に、「Fūja：人の体にしみ込んだり、人に病気を起こさせたりした悪い風」（日葡《にっぽ》辞書）など、漢語「風邪」が登場します。漢籍に、確かにある言葉です。

この病気にかかることを、「風邪を引く」といいます。それが、古く、「何とも聞き分くまじき、このもかのもの、しはぶる人もすずろはしくて、浜かぜを引きありく。」（源氏物語・明石《あかし》）というように出て来ます。

そして、その「風邪を引く」を、英語では、“catch a cold”といいます。寒気が感冒の意を派生させた点でも通いますし、“catch”といい、「引く」という点でも、何か似通いを感じます。

夏風邪という言葉があるとおり、夏も風邪を引きます。しかし、「風邪」は季語としては冬です。

坪内逍遥《つぼうちしょうよう》は、勧善懲悪のパターンによる文学を排し、『小説神髄』で写実の文学を唱えました。その論を実作で示しましたのが、『当世書生気質《かたぎ》』でした。その「気質」は、風俗というか、生き方のスタイルということでしょうか。その、特有の気風を意味する言葉、今では、「職人気質」「昔気質」ぐらいにしか用いられなくなったようです。

気質（かたぎ）

この言葉、三百年余の間に、意味も表記も用法も、目まぐるしく変わりました。「Catagui：慣習」（日葡《にっぽ》辞書）に見る、その、習慣といってもよい慣習の意と、「景虎《かげとら》…春信《はるのぶ》公の御形儀に少しも違はぬと承及候《うけたまはりおよびさうらふ》。」（甲陽軍艦・品二七）に見る、からだつきの意とは、大きく開きましょうが、同じ言葉でしょう。容姿や身のこなしから、さらに性質などを意味するに及んで落ち着きます。「形儀」「形気」から「容儀」「容気」を経て、「性質」「気質」に至って落ち着きます。「女房《にょうぼう》気質」「傾《けい》城《せい》気質」など、接尾語性を見せることにもなります。

しかし、以上は、大きな転義をしてからの変遷でした。実は、そうなる以前は、「形木」だったのです。「模…俗語加太岐」（和名抄・一四）が、その形木で、それは、裁縫具の一つとして載っています。広くは、物の形を彫りつけた板とか、文字を彫りつけた板とかでしょう。本来は物を模したものが、人間の、しかも、内面をいう言葉にまでなってしまったのです。

「気質《キシツ》」には、「気質を以《もつ》て体と為《な》す。」（宋書《そうじょ》・謝霊運伝論）などに見る気立ての意の漢語と、「形《あらは》れて後《のち》気質の性有り。」（近思録・論学）などに見る後天的に備わる性質を意味する漢語とが背景に見えてきます。朱子学が官学として幕府の保護を受けていたことなど考えると、後者からの採用ということも考えられましょう。

固唾（かたず）

緊張して事のなりゆきを見守る様子を、「固唾《かたず》を呑《の》む。」といいます。その固唾とは、息をこらすときに思わず口中にたまる唾《つば》のことです。「固」は「固い」のかたです。「唾」は訓「つば」、音は「唾液《だえき》」のダです。この「唾」、どうしてずと読まれるのでしょうか。

この言葉、「固唾を呑む。」という慣用句としてしか用いられません。そして、歴史的仮名遣いかたづ、中世末までは、かたつでもあったと見られます。「Catazu：少しの唾。ただし次のような句に限って用いられる。例 Catazzuo nomu：心痛して窮地に立っている」（日葡《にっぽ》辞書）とある一方に、「Catatçu：少しの唾。ただしこの語は次のような場合にしか用いられない。例 Catatçuuo nomu：非常な難儀や危険に遭っている。下の語。それよりも正しい用法としては、人が何らかの事件に関して、心配し苦悩しているのをいう」（同）ともあるからです。

そういうわけで、「固唾」はかたつでした。そのつは、いまいう唾《つば》のことで、「吒ッ」（観智《かんち》院本名義抄《いんぼんみょうぎしょう》）などから、その存在が確認されます。「口の内に津こそはたまれ梅沢《うめさは》の茶屋の肴《さかな》は我も好きゆへ《ママ》」（仮名草子《かなぞうし》・東海道名所記）など、「津」が当てられていますが、唾を意味しています。

国語辞書にも、「呑難唾 カタヅヲノム　難又片に作る」（書言字考節用集）とありました。当代は、「難唾」とも「片唾」とも書かれていたのです。そのとおり、「敵御方諸共に、難唾を呑《のう》で汗を流し」（太平記・稲村が崎干潟と成る事）とありました。

かたつが、かたづとなるのは、つがかたに連なった結果の濁音化、いわゆる連濁とも見られはしますが、一方、単独でづと発音されてもいました。「づをはいてぞ伏したりける」（虎寛《とらひろ》本狂言・蛸《たこ》）、『虎明《とらきら》本狂言』には、ずとありました。

蝸牛（かたつむり）

陸にすむ巻き貝、それが「蝸牛《かたつむり》」です。うず巻き状の殻を背負って、八つ手など、常緑低木の幹や枝をゆっくり這《は》っています。頭に四本の触覚、その長い二本の先のほうに目があります。「でんでん虫虫かたつむり　お前の頭はどこにある　角《つの》出せ槍《やり》出せ目玉出せ」という、小学唱歌「かたつむり」がありました。そこにも、二つの名前が出ていて、でんでん虫といい、蝸牛《かたつむり》ともいっています。ところが、他にも、でで虫、全く別系統のまいまい、まいまいつぶりなどの呼び方もあるのです。

民俗学者柳田国男《やなぎたくにお》には、国語学に関する業績も多く、この蝸牛方言の全国的分布について調査した『蝸牛考』も、その一つです。その結果として、中央語が同心円的に地方に伝播《でんぱ》していくという、方言周圏論を唱えることになったのでした。柳田自身は、その説よりも、新語の発生には児童の関与することが多いと言いたかった、とも述べています。

でんでん虫は、子どもが「角よ、出い出い。」という、そういう虫ということで、でで虫もまた、その系統の一型です。でで虫は、出々虫《ででむし》だったのです。

まいまいは、まいまいつぶりの省略形です。まいまいは、角を振るさまを舞うと見たもので、それに丸い意を表すつぶりを添えた一語なのでした。かたつむりのつむりも、その同じつぶりだったのです。かたは「堅し」の「堅」でしょう。

古くに、「蝓蠃　加太豆不利」（新撰字鏡《しんせんじきょう》）とありました。続いて、「蝸牛　加太豆不利」（和名抄・一九）ともありました。

「蝸牛」は、中国から伝来した熟語です。「蝸牛角上《かぎゅうかくじょう》の争《あらそ》い」は、古い古い荘子《そうじ》の寓話《ぐうわ》です。人間の争い、蝸牛《かたつむり》の喧嘩《けんか》にすぎないというのです。

帷子（かたびら）

現代にあって「帷子《かたびら》」というと、仏式で人を葬るとき、名号《みょうごう》・経文《きょうもん》・題目などを書いて死者に着せる着物をいうのに限られます。経帷子《きょうかたびら》ともいって、白麻などで作り、縫い目の糸は止めないでおいて、衽《おくみ》に、その名号などを書くのです。寿衣《じゅい》とも経衣《きょうえ》ともいいます。

古典の中に現れる帷子は、大きく二種類に分けられます。一つは、几帳《きちょう》という移動式の障屏具《しょうへいぐ》、あるいはそれに類する障屏具に掛けて垂らして隔てとした一重《ひとえ》の布のことです。いま一つは、裏を付けない着物をいいました。時代が下ると、夏用の単衣《ひとえ》の着物のことも、そう呼びました。そして、現代にまで残る経帷子も、それに類するものです。とにかく、そういうわけで、つまりは、一重の布ということなのです。

この言葉、「帷… 和名加太比良」（和名抄・一四）など、「帷」字だけをそう読ませています。その漢字の字義どおりです。『節用集』の類は、「帷子」というように「子」を伴う漢字表記となっています。「子」は、唐代から一般に名詞接尾語として、「椅子《いす》」「扇子《せんす》」「帽子《ぼうし》」などと用いられています。ただ、「帷子」という漢語はありません。

この帷子、布が合わせてあるものであることを前提に、そうではなくて、「片ひら」であるということをいった言葉でしょう。着物についていえば、袷《あわせ》ではなくて単衣、これもつまりは、「片ひら」ということになります。

「親戚の方々が、最後の帷子の用意とか、葬儀の日取りとか」（芹沢光治良《せりざわこうじろう》『愛と死の書』）は、経帷子をいっているものですが、「伯母《おば》さんは気のすすまない私に花色の帷子をきせ」（中勘助《なかかんすけ》『銀の匙《さじ》』）は、夏の単衣をいっているものです。当時としても、きわめて希《まれ》な例といえましょう。

仮名（かな）

「仮名《かな》」という言葉がどうして『常用漢字表付表』の中にあるのか、その意味がわからない、といわれたことがあります。確かに、そのように、極めて一般的に用いられています。でも、「仮」という漢字の訓はかりですから、やはり特殊な読み方ということになります。音はカであっても、それではありません。それだと、実名を隠している「仮名《カメイ》」ということになってしまいましょう。

仮名《かな》には、いま、平仮名《ひらがな》と片仮名《かたかな》とがあります。ともに、万葉仮名といわれる仮名から生まれました。その万葉仮名とは、漢字の意味に関係なく、漢字の音や訓を使って日本語の発音を表した文字のことで、『万葉集』には、そういう書き方が多く採用されています。そこで、そう名づけられたのです。「海」を「宇美」、「山」を「也末」と書いたりする書き方です。

その万葉仮名を草書体にし、さらに崩《くず》した結果生まれたのが、平仮名です。一方、その万葉仮名の漢字の、一部分を残して他を省略したものが、片仮名です。その片仮名を、古く、「かたかんな」（宇津保《うつほ》物語・蔵開）といっています。そのかんなの前身は、かりなです。

仮名は、かりなだったのです。なは名で、そのとおり名前を意味しました。その後、文字をも意味するようになりました。漢字伝来の当初は、名前ぐらいしか書かなかったからでしょうか。そして、本来の用法の漢字は「真名《まな》」、表音用法のものは「仮名《かりな》」と呼び分けられました。

そのかりなのりが撥音化《はつおんか》しました。ただ、当時は撥音の表記ができなかったので、かなと書かれ、いつか、読みもかなとなってしまったのです。

蚊帳（かや）

「蚊帳《かや》」を釣って寝た体験ある人が、だんだん少なくなってきています。蚊を防ぐために、部屋の四隅にある釣り手に結わえて釣り下げて寝床をおおうもので、寝具の一つに数えてもよいものかもしれません。同じ、その字を置いて、「蚊帳《かちょう》」ともいいます。

このかや、古く、『日本書紀』にも『風土記《ふどき》』にも見ることができます。後者の例は、その地名ともなるもので、「品太《ほむだ》の天皇《すめらみこと》、巡り行《い》でましし時、此処《ここ》に殿《との》を造り、仍《よ》りて蚊帳《かや》を張りたまひき。故《かれ》、加野《かや》と号《なづ》く。」（播磨《はりま》風土記・餝磨《しかま》）とあるのです。天皇が巡行の途中で、御殿を造り、蚊帳をお張りになった、というのです。

その、張るというのが、どんな扱い方をいっているのか、釣るとは違うのか、蚊帳そのものの使用の要領が、まず知りたいところです。下って、「身共は蚊がきらひぢゃ程に、夏は蚊帳をもつてくれさしめ。」（虎寛《とらひろ》本狂言・人馬）には、「釣る」とあります。

それ以上に注目したいのは、「蚊帳」ではなくて、『日本書紀』や『風土記』の表記が「蚊屋」であるという点です。いや、下ってもなお、その表記も続いているのです。かやは、蚊を防ぐための屋、つまり部屋を意味していたと思われてくるのです。

さきに、「蚊帳《かちょう》」ともいうと申し上げました。チョウ、歴史的仮名遣いチャウは、部屋に下げる垂れ絹を広くいいました。寝殿造りの母屋《もや》の中に一段高く設けられた帳台、移動式の几帳《きちょう》など、見えてきましょう。

文字としては「蚊帳」のほうがふさわしい、しかし、言葉としては古くからあるかやが定着していた、そこで、「蚊帳《かや》」ということになった、そう思えてきます。

為替（かわせ）

日本経済史のうえで「為替《かわせ》」という制度は、いつごろから行われているのでしょうか。おおよそ、鎌倉《かまくら》時代には既に見ることができ、江戸時代に入って急激に発達し、今日のものとほとんど変わらない形にまで進んでいた、と見てよいようです。特に、全国的な商業経済の中心地であった大坂と、最大の消費地であった江戸との間で行われた江戸為替は、よく知られていましょう。

かわせの語源を、『日本国語大辞典』は、動詞「交《か》う」に使役の助動詞「す」の付いた「かわす」の連用形の名詞化か、としています。歴史的仮名遣いで「かふ」となる動詞の未然形「かは」に使役の助動詞「す」が付いた「かはす」の、その連用形かはせ、それが為替だというのです。

ところが、古く、この語は、「かはし」と発音されていました。それに、何よりも、為替を組む意の他動詞「交はす」が存在しました。やりとりする意の「交はす」が、そういう意味も担っていたのです。こちらは、その連用形が「かはし」となるので、その「し」を、いつか、使役の「せ」のように思いこんで、かはせとなったと思えてもくるのです。

その漢字表記には、「交」だけとするもの、また、「為換」とするものなどもありますが、「令」「使」「遣」などを用いたものは見られないようです。「為」は、「す」を意味する漢字ですが、ここでは、「し」という語尾を表すのに借りたものでしょうか。ただ、「替」の上に置いて、いわゆる返読文字扱いしている点で、助動詞「せ」を意識したもののようにも見えてきてしまいます。「令替」か「遣替」であってくれたら、そうもいいえましょうが、何とも、悩ませる表記です。

観音（かんのん）

観音《かんのん》様、例えば浅草の観音様などの「観音」は観世音《かんぜおん》の略称です。その観世音は、梵語《ぼんご》、つまり古代インドの文章語、その漢訳語で、菩薩《ぼさつ》の名前です。観世音菩薩とは、観世音という名の修行者ということです。慈悲の権化《ごんげ》とされています。

その略称である観音、その漢字を一字一字読むなら、「観《かん》」と「音《おん》」とです。溯《さかのぼ》って、歴史的仮名遣いでこれを書くとき、「観」はクヮンでした。古くは、実際、そのように拗音《ようおん》で発音していました。その拗音クヮンが、徐々に直音化して、今では、限られた地方の一部の人を除いて、カンと発音されるに至っています。現代仮名遣いでは、いうまでもなく、カンです。「音」は、歴史的仮名遣いでも現代仮名遣いでも、オンです。

「観音」の読みを歴史的仮名遣いで書くと、クヮンオンですが、実際の読みは、カンノンです。クヮンがカンとなる事情については、既に述べました。では、オンをノンと読む事情については、どのように理解したらよいのでしょうか。これは、「音」という漢字の音が変化したものなどではないのです。上にある「観」の末尾の音ンの影響によるのです。そのン、つまりnの音が、「音」のオ、つまりoの部分と結びついて、そのオがノとなってしまったのです。このような現象を連声《れんじょう》と呼びます。二つの音が連続するときに起こる音韻上の変化です。

中世に、頓阿《とんあ》という歌人がいました。当代の人は、トンナといったでしょう。観阿弥も、カンナミだったでしょう。雅楽の春鶯囀、シュンノウデンでした。その連声、中世に流行した発音の現象でした。ただ、現在、香川県にある観音寺市は、カンオンジと読まれています。漢字をそのまま読んでしまった結果です。

気障だ（きざだ）

不自然に気取っていて、いやみに思われるときに、「気障《きざ》だ」といいます。服装・言葉遣いや態度などについて、不快な感じや反感を覚えた場面で、そう感じた側が用いる言葉です。ただ、非難される相手がいない所で、いわゆる陰口としていうのが普通でしょう。「似非《えせ》教養をひけらかして、気障な奴《やつ》だ。」というような、そういう使い方となりましょう。

「其《その》すうすうとすすり込む音が何分気障だ。」（浮世風呂《うきよぶろ》・四下）のように、その時代には、今と同じ言葉になっていました。ただ、その一方に、ほぼ似た意味を、「爰《こ》の比《ごろ》よく紋を見ねえ、すこしきざはりだの。」（辰巳《たつみ》婦言・四つ明の部）というように、「気障《きざは》りだ」ともいっていました。「気障だ」は、その「気障りだ」の「はり」の部分が省略されたものだったのです。

『大言海』は、その事情を、「気障《キザハリ》ノ略、帯縛《オビンバク》ヲおびし、場都合ヲばつ、ト云《い》フ類《たぐひ》ノ語」と注しています。その省略の推移がよくわかる時代を生きた編者の言葉、という感じがします。そういうわけで、「障」をざと読ませることになっても、それは、「はり」が省略された結果そうなった、ということでしかありません。

その「気障りだ」の「障り」は、動詞「障る」の連用形が、そこに取り込まれたものです。その「障る」は邪魔される意味を表しますので、「気障りだ」も、もともと自分の気持ちを表す傾向があったと思います。しかし、今の「気障だ」は、完全に相手を評する言葉になっているといえましょう。

ごく最近ですが、キザだというように片仮名書きの例をしばしば見かけます。その語源が忘れられて、まるでカタカナ外来語のように感じているのでしょうか。

如月（きさらぎ）

古い時代には、一月・二月…という、その月々に、別の呼び名がありました。いわゆる月の異名《いみょう》です。当然、それは陰暦の時代のことで、一月は、睦月《むつき》でした。十二月が師走《しわす》であることは、よくご存じのところでしょう。

そこで、その陰暦の二月はというと、「如月《きさらぎ》」です。その「如」がきなのか、きさなのか、きさらなのか、わかりません。

きさらぎの成立について、一つは、衣更着とする考えがあります。寒さのために衣を重ねるところからいうのだ、というのです。現代の新暦の二月なら寒い時期といえましょうが、陰暦では春ですので、その点がちょっと気になります。でも、これが最有力説なのです。

息更来、または気更来、さらに来更来とするものなどは、末尾のきをやって来る意と解する点で共通します。萌揺《きさゆ》らぎ（月）説は、春の初め、草の芽が萌《も》え出て揺らいでいるさまを思い描かせてくれます。梵語《ぼんご》Kisalayi からとするもの、古代中国の祭り「宜月」からとするものなど、外来語説もあります。

諸説が多いのに、衣更着説を第一位に掲げるのは、幾つかの古辞書にそうあるからなのです。例えば、「衣更着　キサラギ　或《ある》いは春分・如月に作る」（文明本節用集）などとあるからなのです。春分とも如月とも書く、というのです。春分は、上代に例を見ますし、如月は、その後よく定着して、現在に至っています。

「如」字を当てる理由、それは、中国の古字書の中に、「二月を如と為《な》す」（爾雅《じが》）とあるのに拠《よ》ったもののようです。その十五日が釈迦《しゃか》入滅の日、その日に死を望んだ西行の歌「願はくは花のもとにて春死なむそのきさらぎの望月のころ」が浮かんできましょう。

牛車（ぎっしゃ）

平安貴族を中心に盛んに用いられた、牛に引かせる屋形車、俗にいう御所車、「牛車」と書いてギッシャと読ませます。ギュウシャではありません。ギュウシャというと、ちょっと古く、といっても六、七十年ほど前ということになりましょうが、当時の近距離物流は、この牛車や馬車がもっぱらだった、といっていいでしょう。牛や馬が荷車を引いて、今のトラック相当のものとして活躍していたわけです。その牛車と同じようにギュウシャと読んでしまっては、平安貴族の優雅なムードが、すべて消え去ってしまいましょう。

牛車、その平安貴族が用いた牛車は、身分などによって、多くの種類がありました。唐庇《からびさし》の車、檳榔毛《びろうげ》の車、半蔀《はじとみ》の車、網代車《あじろぐるま》など、多様でした。いうならば、そういう乗用車を競っていたといっていいでしょう。

漢字「牛」の音は、今ではギュウですが、歴史的仮名遣いではギウでした。古い時代にギウであったことは、ギッシャのギがギュでない点からも、まず一つ、小さな確認ができましょう。そして、そのギウがギッというように促音化したのです。

時代劇に出てくる十手捕り縄の十手もジッテでした。十干十二支もジッカンジュウニシでした。いまギュウとなった牛が古くギウであったように、いまジュウと発音される十も、古くはジフでした。そのジフが、ジッというように、これも促音化した例を、これまた残してくれていたのです。

そういえば、モーゼの十戒も、ジッカイでした。でも、ジュッカイと読んでしまう人もいるようです。牛車もギュウシャと読まれたりしていないかとは、ちょっと心配のしすぎでしょうか。

啄木鳥（きつつき）

「啄木鳥《きつつき》や落葉を急ぐ牧の木々」、水原秋桜子《みずはらしゅうおうし》の句です。赤城《あかぎ》高原の放牧地を訪れると、冬も近いので里に下ったのか、馬の姿はなく、あちこちに立つ木々がしきりと風に落ち葉を散らしています。折から辺りの静寂を破って、啄木鳥の幹をつつくかん高い音が頭上から聞こえてきた、というのです。

啄木鳥は、鋭いくちばしで樹皮を破り、虫を捕食したり、巣穴をあけたりします。「木つつき」とは、その営みに注目して命名されたものです。「木」に、動詞「つつく」の連用形「つつき」を付けて、併せて一語の名詞としたものです。

もちろん、「啄木」という熟語、漢語として存在していたのです。「啄木高く翔《しやう》して鳴くこと喈《かい》喈《かい》、飄《へう》揺《えう》として林薄の桑《さう》槐《くわい》に著《つ》く」という、傅《ふ》玄《げん》という人の「啄木詩」という作品までがありました。ところで、その「啄木」、琵《び》琶《わ》の秘曲の名でもありまして、「高麗《こうらい》舞曲…啄木…」（和名抄・四）とあったのです。ただ、鳥の名としては、残念ながら載っていません。日本に伝来したのは、その秘曲名のほうが先だったのでしょうか。

「鴷 キツツキ　啄木鳥 同」（書言字考節用集）が、辞書の初出例でしょうか。別名の「木たたき」も、そうもいうという程度のことしかわかりません。これも異名の「けら」、「けらつつき」の略ということぐらいしかわかりません。

「啄」は、音タク、ついばむ意を表します。「ついばむ」は、「突《つ》き食《は》む」のイ音便で、「啄 都以波無」（和名抄・一八）とあります。その「啄木」をペンネームにしたのが石川一《はじめ》です。時代閉塞《へいそく》の中、啄木たらんとしたのでしょうか。芭蕉《ばしょう》は「木啄《きつつき》も庵《いほ》は破《やぶ》らず夏木立」（奥の細道・雲岸寺）と、つつましい啄木鳥を詠んでいます。そういう啄木鳥を期待したのでしょうか。

後朝（きぬぎぬ）

「後朝《きぬぎぬ》」という言葉、もはや、古典文学の世界にしか登場しない言葉です。寝具も変わりましたし、第一、男性が妻の家に訪れるという結婚様式は、現代では一般的ではありません。平安時代までは、そのような妻問い婚と呼ばれる形態で、夫婦は暮らしていました。共寝をした翌朝、男女が共に掛けあった二人の着物、それを衣《きぬ》といいましたが、その各自の衣を着て別れました。それぞれ、衣を着て別れるから、きぬぎぬといったのです。

ですから、「衣々」と書いてもよいのですが、それが、共寝をした後の朝ですから、「後朝」という熟語と結びつきもしたのです。時代が下って、単に、男女の別れ、夫婦の離別をいうようにもなりますが、そのころの辞書でも、その漢字表記は、「衣衣　キヌギヌ」（元亀《げんき》本運歩色葉集）とあるほどでした。

呉音で「後朝《ゴテウ》」、漢音で「後朝《コウテウ》」と読まれる、この漢語は、国語辞書にも、「後朝　コウテウ　ゴテウ」（易林《えきりん》本節用集）というように登載されています。このように、呉音でも漢音でも読まれる「後朝」ですが、しかし、中国にそのような漢語はないのです。和製漢語なのです。そして、読み方も、実は、はっきりしていなかったようにも思えるのです。

平安時代、婚儀の翌朝、新郎が自邸に帰ってから新婦に送る手紙の使者を、「きぬぎぬの使ひ」といいました。「そのきぬぎぬの使ひ、敦忠《あつただ》中納言、少将《せうしやう》にてし給《たま》ひける。」（大鏡・時平）が、それです。それが、それに相当する使者のことをいっていましても、「後朝《こうてう》の御使ひには、実連《さねつら》の中将なりし。」（増鏡・さし櫛《ぐし》）となりますと、わざわざ漢語を用いて「後朝《こうてう》の使ひ」といっていたということになりましょう。漢語の時代、中世の表現です。

草臥れる（くたびれる）

疲れて元気がなくなることを、「草臥《くたび》れる」といいます。古典語形はくたびるですが、中世からの言葉かと見られます。近世に至ってからは、くたぶれるという形でも用いられました。一方、類義語といっていい「疲れる」は、上代から存在します。その古典語「つかる」は、『新撰字鏡《しんせんじきょう》』『色葉字類抄』『類聚名義抄《るいじゅみょうぎしょう》』のいずれにも載っていますが、くたびるは全く現れません。

芭蕉《ばしょう》の句「草臥れて宿借るころや藤の花」（笈《おい》の小文《こぶみ》）の、その「草臥（る）」は、原典もはっきり漢字表記されています。蕪村《ぶそん》にも、「草臥れて物買ふ宿やおぼろ月」（落日庵《らくじつあん》句集）などとあります。旅先で草を臥所《ふしど》とする、それほどに疲れた、という感じがよく見えてきます。

そのように、感覚的にも実によく結びつく表記なのですが、この言葉が誕生してからしばらく経《た》った時代には、実に多様な漢字や漢熟語が当てられていました。『節用集』の類を見たとき、「困」「貧」「疲」、また「下沈」「潦倒」「蒼茫」「労倦」などある中に、「草臥」も載ってはいました。ただ、とにかく、そのように、どう当てるか、揺れに揺れていたのです。

その中世、そして近世を経て、その段階でこの「草臥」に定着していったものと見てよいでしょう。その「草臥」を慣用する点について、『大言海』は、『詩経』（鄘風《ようふう》・載馳《さいち》）の句「大夫跋渉《たいふばっせふ》すれば、我が心則《すなは》ち憂《うれ》ふ」の「跋渉」の語の注に、「草臥」「水渡」とあったものの古訓「くさふし」「みづわたる」に拠《よ》ったものと見ています。そして、そのくたびるについては、動詞「廃《くた》す（＝朽《く》たす）」「朽ちる」の語根くたに、ある状態を表すびる、「悪びる」などのびるが付いたものと見てよいでしょう。

果物（くだもの）

「果」という漢字、その音は「カ」、古い仮名遣いで「クワ」です。訓には、「はたす・はてる・はて」などがありますが、「果物《くだもの》」のくだは、訓として認められていません。いわゆる付表の熟字訓として載せられていますところからは、「果物」全体でくだものということになりましょう。でも、「物」はものなのですから、残る「果」はどうしてくだなのかと、そう問われることが多いわけです。

同じようにだものを添えた言葉として、「けだもの」があります。それらのだは、古い時代の助詞でした。現代の「の」に相当する助詞でした。そこで、そのだものの上のくやけは何かというと、「木《く》」と「毛《け》」だったのです。「木《き》」「木《こ》」に加えて、母音を違《たが》えた「木《く》」もあったのです。したがって、「くだもの」は木の物、「けだもの」は毛の物を意味していたことになります。

木の物とは、木に実を付ける物ということで、まさに今の果物《フルーツ》です。毛の物も、体毛が一面に生えている、つまりは、獣類をいうことになりましょう。だからこそ、「けもの」でも、「けだもの」でもよいのでしょう。

そういうわけで、「果」という漢字の、一般に認められている訓の中には入りませんが、くだという読みをする背景や、また、そのくだの意味するところなど、はっきりそれと特定することができたと思います。

なお、「果」という漢字に、植物の実を意味させるようにしたのは、日本においてです。本来の中国にあって、そのような意味を担っていたものではありません。「果実」「果樹」などの熟語は、日本語「果物」を経て、日本製の漢語として成立したものです。

句読（くとう）

句読点《くとうてん》が、現在施されているようになってから、実はまだ、百年経《た》つかどうか、その程度なのです。一般には、権田直助の『国文句読考』（明治二十年）という書物などから普及していったものと見られています。

それにしても、句点とは「。」、読点とは「、」であるのに、その「句」を語句と思いこんで、「、」のことを句点といってしまう人もいるようです。大変な誤りで、この「句」は、フレーズの句ではないのです。むしろ、古くは、センテンスを句といったのです。山田孝雄《よしお》の文法書、『日本文法論』などは、そうでした。とにかく、文末に打つのが句点です。文の途中に打つのが読点です。

その「読」という漢字、『常用漢字表』には、ドク・トクという音と、よむという訓が認められているだけです。トウは入っていません。用例が、この「句読」の場合に限られるからでしょう。その『付表』に「句読」として載っています。そういうわけで、「読書」のドク、「読本」のトク、「句読」のトウと、こんなふうに認識できたらよいことになります。

ところが、そのトウを、トクがトウに変わったのか、トクのウ音便なのかなどと尋ねられることがあるのです。そこで、はっきりそうではないと申し上げなければなりません。この用法のときは、本来、トウなのです。この用法というのは、読むとは別の、区切る意の場合、ということです。読点とは、文を区切る点、ということだったのです。

ついでに、「読経」のドについても触れておきましょう。そのドは、ドクのクが次のカ行音との関係で、促音化して消えていったものです。もともとドという音があったわけではありません。

海月（くらげ）

「海月《くらげ》」、また「水月《くらげ》」、さらには「水母《くらげ》」とも書かれます。海にすむ腔腸《こうちょう》動物で、体はぶよぶよした寒天質です。笠《かさ》のような形をしていて、伸び縮みさせながら泳ぎます。骨がないところから、そういう譬《たと》えとして用いられることが多いといえましょう。

まだ、日本の国土が固定していなかった時代、その日本の国土を、「次に国稚《わか》く浮かべる脂《あぶら》の如《ごと》くして、くらげなすただよへる時」（古事記・上）といっています。ぶよぶよと海月のように漂っていた、というのです。

中宮定子《ていし》に、その弟の中納言隆家《たかいえ》が扇を差し上げようとしたとき、その扇があまりにもすばらしいので、ふさわしい紙がなくて探していると申し上げました。そして、人々が見たことのない骨だといっております、とまでつけ加えたのでした。すると、それを聞いて清少納言《せいしょうなごん》が、それでは海月の骨のようですね、といって、その機知を褒められたというお話、『枕草子《まくらのそうし》』の中の有名な段です。

既に紹介したように、『古事記』にも出てくる言葉ですから、「蛆 久良介《くらげ》」（新撰字鏡《しんせんじきょう》）などを始めとして、以降の多くの辞書がこの言葉を登載してくれてあります。また、「海月 久良介」（和名抄・一九）ともあって、そこには、「海月」の表記を見ることもできました。しかも、その後に、形が似ていて海中にいるからそう名づけたのだ、とまで解説してくれてありました。それは、古代中国で行われていたのです。

日本語くらげの語源説のうち、拠《よ》るとしたら、「輪笥《くるげ》」でしょうか。輪《わ》の形をした笥《け》という食器、それに似ているものということです。目が見えないから「暗《くら》げ」だなどという説き方よりはよいでしょう。

胡桃（くるみ）

「胡桃《くるみ》」の殻はしわが多くて堅く、胡桃割り器で割って果肉を取ります。

それにしても、チャイコフスキー作曲の「胡桃割り人形」、胡桃割り器付き人形、できれば、人形付き胡桃割り器といってほしいようにも思います。その物語はホフマンの童話で、その人形がネズミの大軍を破り、美しい王子になってクララをお菓子の国へ案内する、というのです。その題名のままですと、胡桃割りのしぐさでもする人形のように思えてしまいそうです。

さて、清少納言《せいしょうなごん》は、「見るにことなることなきものの文字に書きてことごとしきもの　いちご。つゆくさ。水ふぶき。くも。くるみ。」（枕草子《まくらのそうし》・一五四）といっています。「覆盆子《いちご》」「鴨頭草《つゆくさ》」「芡《みづふぶき》」「蜘蛛《くも》」などと書く仰々しさをいって、その一つに「胡桃」も挙げているわけです。

「胡桃」の「胡」は、例によって外来を意味します。「胡桃…　和名久流美　博物志に云《い》ふ、張騫《ちやうけん》西域に使ひして還《かへ》る時之《これ》を得。故に胡桃《こたう》と曰《い》ふなり」（和名抄・一六）は、西域から持ち帰ったのでそう呼ぶのだ、と添えています。ただ、それは中国でのこと、日本では、古くは「呉桃」でした。「栲…呉桃久留比《くるび》なり」（新撰字鏡《しんせんじきょう》）も「橯　久留弥之木《くるみのき》　呉桃　同上」（同）も、「呉桃」です。そう書いたものは、『古語拾遺』にも『延喜式』にもあります。なお、その『新撰字鏡』からは、くるびとも発音されていたことが見えてきました。

そういうところから、くるみは「呉実《くれみ》」の転と考えられてきています。「呉」は、呉の国、また広く中国を指すと見てよいわけですが、その「呉」をくれと読んできました。どうしてくれと読ませるのか、よくわかりません。『大言海』は、文朶《あや》の意の朝鮮語クルが転じたものとしています。

胡桃豆腐・胡桃餅《もち》など、その食文化も併せて味わいたいと思います。

玄人（くろうと）

「彼の油絵は玄人《くろうと》はだしだ。」などといいます。専門の画家がとてもかないそうもない、ということでしょう。そこで、「玄人」とは、専門家というような意味ということになりましょう。対する言葉「素人《しろうと》」との関係で、非常にすぐれた技術を有する人とか、時には商売人とか、そんな意味の言葉といえましょう。

既に申し上げた、対する言葉「素人」を常に意識させる言葉といっていいでしょう。その成立については、『役者評判記』の「黒吉」の「黒」を受けてとか、一芸に苦労した人だからとかもいわれますが、やはり、素人に対立させていったものと見るのが穏やかなようです。

したがって、「黒人」と書いてもよいし、そう書かれることもありますが、一般には、「玄人」でしょう。玄という漢字は、『常用漢字表』も、ゲンという音をしか載せません。意味の一つは、「玄妙」「幽玄」の「玄」で、奥深い意です。いま一つがくろい意味で、「玄米」の「玄」に当たります。人の名前にも、山部赤人《やまべのあかひと》がいれば、高市黒人《たけちのくろひと》もいました。一方、商人《あきんど》・狩人《かりゅうど》など、そういう職業の人という造語もなされました。玄人は、もちろんくろひとで、それがウ音便化したものの、素人に引かれてか、「蔵人《くろうど》」との別を意識させるためにか、そのとは濁音化しないままで定着したのでしょう。

「玄」の字で、意味が見えないとされる単語が、「玄関」です。玄妙な道に進み入る関門、ということなのです。それが、禅寺の門や、寺の書院の入口や、武家の入口などをいうようになって、現在に至っているのです。ついでに、申し上げてしまいました。

健気だ（けなげだ）

「健気《けなげ》な子」とか「健気に働く少年」とかいいます。言い切りが「健気だ」となる形容動詞です。その「気《げ》だ」は、接尾語といわれるもので、ある感じがするという意味を添えています。「危うげだ」「怪しげだ」など、みな、その接尾語を添えた形容動詞です。そして、現在、その接尾語「げだ」は、仮名書きします。

その接尾語の上は、たとえば形容詞「危うい」の「危う」の部分であり、形容詞「怪しい」の「怪し」の部分です。もちろん、「曰《いわ》くありげだ」など、「あり」に付く場合や、「おぼろげだ」など、形容動詞「おぼろだ」の語幹に付く場合もあります。

そこで、「健げだ」の「健《けな》」は、何なのでしょう。幸い、形容動詞の古典語の中に、「異《け》なり」があることに気づきました。ただ、接尾語を添えた例は、「この犬は異なりげに候《さふら》ふと見候へば」（沙石集《しゃせきしゅう》・七）というように、すぐれてみえるの意の「異なりげなり」であって、「異なげなり」ではありません。そこで、形容詞「異なりい」、古典語形「異なりし」があったと見なければならなくなります。「異なりし」の語幹「異なり」に「げなり」が付いた「異なりげなり」が想定されます。その「異なりげなり」の「り」が落ちて、「異なげなり」となったのでしょう。その間に、「けなげなり」全体の意味から、「健」という漢字が固定するに至ったのでしょう。

もちろん、中世にはなお、その漢字表記は揺れていました。『節用集』の類を併せ見たとき、「勇」一字が圧倒的に多く、「健」字は限られていたようです。熟字「強健」が、むしろ多く使われていました。『易林《えきりん》本節用集』だけは、けなげを認めないで、「健気」と書いて、けなりげと読ませていました。結局、読みをけなりげにする、この表記がけなげに残ったのでした。

洋傘（こうもり）

単に「洋傘《こうもり》」でなく、本来は、「こうもり傘《がさ》」でした。「蝙蝠傘」と書く、といったら、およそ、その事情は見えてきましょう。

雨や夏の日ざしをさえぎるために、さしかざすものが、広く傘です。頭にかぶるように、そういう作りになっていたら、笠《かさ》ということになりましょう。その、手で持つ傘のほうは、基本的な構造は同じであっても、布を張るなど、材質を異にした製品が、西洋から入ってきました。それをどう名づけるか、当代の人々は、きっといろいろと悩み考えたことでしょう。

なぜ、命名に悩んだろうといったかというと、日本にも、いろいろな種類の傘が既にあったからです。一般にいう和傘《わがさ》は、何十年か前までは、唐傘《からかさ》ともいっていました。ということは、本当の和傘が、別にあったと考えなければならないことになりましょう。小粋《こいき》な芸者さんというと、蛇《じゃ》の目《め》傘でしょう。墨黒々と屋号などを書き込んだ番傘は、あのころのコマーシャル活動だったということになりましょうか。

そういう傘に対して、西洋から入ってきた「洋傘」は、その字のとおり、「ようがさ」ともいわれたでしょうし、いわれて現在に至ってもいます。しかし、とにかく、あの黒い布を張った、広げた形が蝙蝠の翼《つばさ》に似た、その傘を、何と呼ぶか、あれこれ命名を試みたことでしょう。その結果が、蝙蝠傘であり、その略称「洋傘《こうもり》」であったといえるのです。

今では、その洋傘も、単に傘といわれるようです。和傘の類がまったくなくなってしまって、区別する必要がなくなったからでしょう。

心地（ここち）

ある刺激を受けて起こる心の状態を、「心地《ここち》」といいます。中古に入って急に現れ、爾来《じらい》、けっこう用いられて、現代語としても十分に生きています。殊に、現代語の時代に入ってから、動詞の連用形に付いて複合名詞をつくる用法が発達したようで、「居心地」「着心地」「住み心地」「寝心地」「乗り心地」「夢見心地」「酔い心地」など、よく定着しているものといえましょう。名詞に直接する「夢心地」と、その「夢見心地」とでは、どちらが先に現れたのでしょうか。

「おもほえずふるさとにいとはしたなくてありければ、ここちまどひにけり。」（土佐日記・二月五日）などが、最も古い例の一つでして、上代には用例を見ません。実際の用例が、『源氏物語』や『蜻蛉日記《かげろうにっき》』にあれほどに多いのに、仮名文学用語だからでしょうか、辞書への登載は、「心地コヽチ」（易林《えきりん》本節用集）が初出のようです。とにかく、漢字表記「心地」は、何の抵抗もなく読めてしまいます。

その語源について、『大言海』は、「ここは心《ココロ》の下略、ちは持《モチ》の上略」としています。「心持ち」だというのです。そして、『釈氏要覧』という仏教書の中にある「心地《シンチ》」という文字を採用したのであろう、といっています。したがって、「心」は訓「こころ」に相当するとしても、「地」は、「持ち」の「ち」にたまたま発音が一致するということでしかありません。

この言葉、『常用漢字表付表』に載っています。自然に読めてしまうようで、語源や宛字《あてじ》の話題にも上らないようです。でも、この言葉「心地《ここち》」こそ、どうしてそのような漢字が当たるのか、知りたく思ってほしいと思います。

東風（こち）

醍醐《だいご》天皇十五歳の時に右大臣に任ぜられた菅原道真《すがわらのみちざね》は、左大臣に任ぜられた藤原時平《ふじわらのときひら》とともに政務を執《と》り行うことになりました。しかし、時平の讒言《ざんげん》によって失脚し、大宰権帥《だざいのごんのそち》として左遷されることになります。その時、庭先の梅の花を見て、「東風《こち》吹かばにほひおこせよ梅の花主人《あるじ》なしとて春を忘るな」（拾遺集・雑春）と詠みました。このお話で、「東風」という言葉を学んだ方、多いと思います。

東風とは、その漢字のとおり、東のほうから吹いてくる風のことです。したがって、季節としては、春吹く風のことでもあるわけです。もちろん、春の季語です。

「十二日《とをかあまりふつか》、雪、こちかぜにたぐひて散りまがふ。」（蜻蛉日記《かげろうにっき》・天禄《てんろく》三年）や「Cochinocaje」（ロドリゲス日本大文典）など、下に「風」を添えてもいいました。「東風の返し」という言葉もあって、西風をそういいました。東風の吹いた後、お返しのように吹く西風、というのでしょう。

そうではあっても、こちという言葉そのものに、東風という意味はありません。春風という意味もありません。こは小、ちは風と見られます。疾風《はやて》を古くに「はやち」といった、そのちと見るのです。東から吹いてくる、春の風の柔らかさを取り立てて、「小風《こち》」としたものかと見るのです。

こちかぜやこちのかぜは、漢字で書くと、「東風風」や「東風の風」となってしまって、「風」が重複することになります。こちのちの意味がわからなくなったから、そうもいえたのでしょう。

長崎《ながさき》の東風泊湾《こちどまりわん》、香川《かがわ》県の東風浜《こちはま》遺跡、また、東風台《こちだい》・東風平《こちだいら》などの姓、東風《こち》を採り入れた固有名詞です。

辛夷（こぶし）

「白樺《しらかば》　青空　南風　辛夷《こぶし》咲くあの丘《おか》北国の　ああ　北国の春…」と、千昌夫《せんまさお》が歌った「北国の春」、そこに登場する「辛夷」は、モクレン科の落葉高木です。山地に自生し、春、白い大形の花を開きます。

観賞用としても、広く栽植されています。葉には柄があり、葉身は広倒卵形、先は突出していて、基部はくさび形です。枝先に一個ずつ芳香を放つ、その白い花が咲くのです。その花からは香水がつくられると聞いています。そして、木そのものは、木目も緻密《ちみつ》で、家具や建築材に使われるというのですから、まことに無駄のない、すばらしい木です。

古くに、「辛夷　和名夜末阿良々木《やまあららぎ》　一に云《い》ふ、古不之波之加美《こぶしはじかみ》」（和名抄・一六）とありました。このこぶし、正式名称はやまあららぎで、別称がこぶしはじかみだったようです。ハジカミの一種で、蕾《つぼみ》の開く直前の形が拳《こぶし》に似ているから、そういったのでしょう。確かに子どもの拳ぐらいです。

そのこぶしはじかみが、中世の『下学集』という辞書をはじめとして、それに続く『節用集』の類を見たとき、単にこぶしとなっているのです。そこで、こぶしは、こぶしはじかみの略称として残ったものと理解されましょう。その用例、幸い、見つかりました。「次の年の春、人のもとより、こぶしの花をおくりたりけるを見て詠める」（古今著聞集・一八）というように、春の贈り物でもあったようです。

「辛夷《シンイ》」という漢語は、本来、モクレンの漢名です。しかし、古くから、慣用的にこの字が当てられてきてしまいました。ハジカミは山椒《さんしょう》の異名ですから、香気に加えて辛《から》さもあります。「夷」は、異民族を意味します。異様な辛さある木とでも思い込まれたのでしょうか。

独楽（こま）

藤原行成《ふじわらのゆきなり》は、細かいところに気のつく人でした。後一条天皇がご幼少のころ、人々におもちゃを献上させたとき、他の人たちは金や銀で工夫《くふう》を凝らした物を献上しましたが、行成は「独楽《こま》」を献上しました。天皇はたいへんお喜びになって、その独楽に夢中になって、他のおもちゃはしまい込まれてしまった、ということです。

その独楽とは、木を円形に作り、中心にある軸に紐《ひも》を巻きつけて投げ、回して遊ぶおもちゃです。第二次大戦直後までは、お正月の男の子の遊びでした。

古く、『日本書紀』の雄略天皇八年の条に、高麗《こま》の軍兵が行った、体を回転する歌舞のことを、「楽」と書いてあります。その「楽」をこまと訓じたものがあるところから、ぐるぐる回るものをそうい い、ひとりで回るので「独」字を冠したのであろう、そう考えられてきています。

ただ、「独楽　和名古末都玖利《こまつくり》」（和名抄・四）ともありまして、その「古末都玖利」の「玖」は、『箋注和名抄《せんちゅうわみょうしょう》』の「不」に従いますと、その「独楽」は、こまつぶりということになります。そのつぶりは、かたつむりのつむりと同じで、丸い物ということです。そういうわけで、こまは、こまつぶりの略ということになりましょう。

子どもの遊びからも姿を消した独楽ですが、奈良時代には宮廷儀式の一つ、平安時代には貴族の遊技でした。すると、『日本書紀』の「楽」字の訓「こま」は、ぐるぐる回るものというより、高麗伝来の歌舞も儀式も遊技も、すべてこまといっていたようにも思えてきます。

鉛を入れて作ったべいごま、バイ貝の殻に似せて作ったから、そういうのです。べいごまはばいごまが訛《なま》ったものなのでした。鉄で作ったもの、指でひねって回すものもありました。

防人（さきもり）

『万葉集』の巻二十、その他には、防人歌《さきもりうた》が収められています。妻子と別れて東国から任地としての九州北辺の要地に赴く、その悲しみが、ひしひしと迫ってくる作品ばかりです。その兵士が、他《ほか》ならぬ「防人」です。

防人とは、「崎守《さきもり》」ということです。「崎」は、国境の、その先端を意味します。「守」は、守る人ということです。それを、防ぎ守る人の意をいっそうはっきり示す漢字を用いて表記した熟語が、「防人」だったのです。

「崎守」の「守」を、まもりと読まないのは、それが後世の読みであって、古くは、その動詞そのものがもるだったからです。まもりの動詞形まもるは、古い時代には、じっと見つめる意でした。まは、「目」なのです。そこで、守る意は、もるでよかったのです。その名詞形、それが、もりなのです。「墓守」「子守」の「守」も、それなのでした。

お墓の掃除をしたりする番人、それが「墓守」です。子どもの世話をしたりする番人、それが「子守」です。そこで、崎の警備に当たる番人、それこそが、「崎守」であり、「防人」であったのです。「崎」は、先・前に発した語で、海に突き出ている陸地の出っ張りです。「岬《みさき》」は、その「崎」に、接頭語「み」が付いたものです。足摺岬《あしずりみさき》と足摺崎灯台ともいう、その「岬」と「崎」とです。「防」がさき、「人」がもりなどと、ルビからそう思い込まれたら、大変です。「崎守」の意を、「防人」という熟字に結びつけた読みだったのです。

雑魚（ざこ）

いろいろな種類の小魚のことを、「雑魚《ざこ》」といいます。最近は、そういう、叉手網《さであみ》で小魚を掬《すく》って取るなどしなくなったでしょうから、雑魚そのものを目にしなくなり、したがって、その言葉も遠い世界のものとなったように思えます。

そこで、その言葉を聞いたとしても、下っ端《したっぱ》の者をたとえていう、「雑魚には目もくれない。」などの雑魚ぐらいといっていいでしょう。「雑魚の魚交《ととま》じり」の雑魚です。しかし、それも失礼な物言いで、近ごろは、比喩《ひゆ》用法の「雑魚」も耳にしなくなりました。

その「雑魚」、ざの部分は、ザツが促音化したザッの、促音部分が消えたものと、およそ、推測されましょう。しかし、次の「魚」がどうしてこなのか、一般の漢和辞典では手掛かりを得ることが難しいでしょう。

一つは、その「魚」を呉音で読んだ結果と見るようです。いま一つは、「魚」は意を表すために当てたもので、本来は、「喉」という字で、その音コウがつまってコとなったとする説明です。「雑喉《ざっこう》」が変化した結果だというのです。

その「喉」は、一般にはのどを意味する字ですが、この場合は、魚を数える言葉だった、とされています。地引き網の場面などが見えてくるようです。数えるに足りない小魚をまとめてそういった、そんなふうに、ちょっと無理があるのですが、思うことにしています。

とにかく、「魚」という字は厄介《やっかい》です。うお（うを）・いお（いを）に対して本来は副菜を意味したさかな、そして、問題の「糸魚川《いといがわ》」「岩魚《いわな》」「雑魚《ざこ》」の「魚」があったのです。

山茶花（さざんか）

だいぶ古くなりますが、脇役《わきやく》として活躍した俳優に、山茶花究《さざんかきゅう》という人がいました。庭木の名前としては知らなかったが、この俳優を媒体に、いつか、その「山茶花」そのものをも知るようになった、そんなことを聞いたこともあります。近ごろは、大川栄作《おおかわえいさく》の歌う「山茶花の宿」、そこでこの花と出会った人もいましょうか。

椿《つばき》に似ていて、しかし、小さめの葉、それがまた、可憐《かれん》さを感じさせます。椿に似ていて当然で、椿科です。その小柄なところ、そして果実の印象などから、一方では茶の木にも似ています。ただ、漢名を茶梅とするのは、誤りです。山茶花は日本原産で、したがって、漢名はありえません。漢名があって当然と思い込んだ結果の誤解でしょう。訓言葉でいうと、姫椿《ひめつばき》です。子椿《こつばき》ともいうようです。

山茶花という名称は、椿の漢名である山茶に由来すると見られています。その山茶に花を付けた山茶花は、当然、サンサクヮ、またはサンザクヮと読まれたでしょう。「茶」をチャと読むのは慣用音で、他は、漢音のザだけです。そのザです。「花」は、歴史的仮名遣いではクヮと書かれる合拗《ごうよう》音です。

そのサンザクヮを、サザンクヮと読み違えたと見られるのです。「山茶花　サンザクハ　サザンクハ」（書言字考節用集）とあって、その事情をうかがわせてくれます。「体《からだ》」をかだらといったり、「茶釜《ちゃがま》」をちゃまがといったりするのと通う、転倒現象によるものでしょう。

つい先日、冬なのに雨が続くのを山茶花梅雨《さざんかづゆ》というと聞きました。某局のお天気おじさんのお説、もちろん、『日本国語大辞典』には立項されていませんでした。

流石（さすが）

評判や期待などにこたえてくれることをほめていう一方で、そういう予想を認めながらもそうはいかないと矛盾している様子をもいう言葉、それが、現代語のさすがである、といえましょうか。漢字を当てると、「流石」と書かれてきています。

この言葉は、上代のしかすがに代わって、中古、つまり平安時代以降、用いられるようになりました。ただ、この「流石」が当てられるようになったのは、中世、つまり鎌倉時代以降です。「石流」とも、「有繫」とも、また「遉」の一字でも、そのさすがを表しました。

そのように、いろいろの漢字が当てられましたが、明治以降は、もっぱら、この「流石」が用いられて現在に至っています。

もちろん、明治・大正期には、なお「有繫」などの漢字表記を用いる作家も見られはしました。その昔、『伊勢《いせ》物語』の真名本といわれる漢字書き本が、「然爾《さすがに》」と書いていたのに倣って、さすがにについては、そう書く人までがいました。

この「流石」は、中国の故事から採ったものです。晋《しん》の孫楚《そんそ》という人が、「枕レ石漱レ流＝石に枕《まくら》し流れに漱《くちすす》ぐ」というべきところを「漱レ石枕レ流＝石に漱ぎ流れに枕す」と言ってしまいました。王済という人にその誤りを指摘されたところ、流れに枕する理由は俗世の話を聞いて汚れた耳を洗うためであり、石に漱ぐ理由は歯を磨こうとするためである、と答えたというのです。

みごとなこじつけです。夏目《なつめ》漱石《そうせき》は、それを自分のペンネームにしました。中世の先人たちは、それより早く、この故事をベースに、さすがに「流石」を当てていました。さすがにうまいという気持ちからでしょう。

五月雨（さみだれ）

「五月雨《さみだれ》を集めて早し最上川《もがみがは》」（松尾芭蕉《まつおばしょう》『奥の細道』）は、降り続く五月雨を一つに集めたように流れのすさまじい最上川を詠んだ句です。「五月雨を集めて」というスケールの大きな表現、「早し」という簡潔で力強い表現は、最上川の豊かな水量や激しい流れをみごとに言い表しています。

その「五月雨」は、陰暦五月のころに降り続くところから、そう書かれるようになったのでしょう。古辞書の「雨」の項に、「五月（雨）サミタレ」（類聚名義抄《るいじゅみょうぎしょう》・法下）とあるのが認められます。下って、『節用集』の類を見ると、当然のこと、揃《そろ》って、「五月雨」という熟字に、固定した訓さみだれが付いていました。

そのように、熟字表記と固定訓とが実に堅く結びついていますのに、さみだれそのものの語源となると、多様な考えがあります。「さあめたれ」「さつきあめくだる」「さつきあめたれ」「さなへみだるあめ」などです。

しかし、「さみだる」という動詞があることを無視することはできません。歌に多く、「さ乱る」と掛けて、五月雨が降る意の「さみだる」の存在が可能となったと思うのです。動詞の名詞化か、名詞の動詞化かはともかく、「五月《さつき》」のさと「水垂《みた》る」の熟合などが見えてきましょう。

古辞書が裏付けるさみだれと読む「五月雨」がこれほどにありますのに、それを「さつきあめ」と読んだ例もまたあったのです。源実朝《みなもとのさねとも》は、自歌の詞書《ことばがき》に「五月あめの降れるにあやめぐさを見てよめる」（金槐《きんかい》集・夏）といっています。「Satçqiame、すなわちサミダレ：五月の雨」（日葡《にっぽ》辞書）といったローマ字資料までありました。今では、さつきあめと読んだら、誤りということになりましょう。

秋刀魚（さんま）

「目黒の秋刀魚《さんま》」という落語がありました。馬の遠乗りに出たお殿様、久しぶりの運動で、たいへんに空腹を覚えました。折から付近の農家で焼く秋刀魚のにおいが殿様の食欲を大いにそそり、家来を連れて、その農家に入ります。炊きたてのご飯と秋刀魚、その美味を喜んで、たくさんご褒美を与えます。

お屋敷に戻ってからも、その味が忘れられません。所望すると、調理係は、脂《あぶら》が強すぎてはお身体に悪いと、脂を抜き、吸い物に入れて差し上げました。出しがらのような味に落胆したお殿様は、「秋刀魚は目黒に限る。」とおっしゃった、というのです。

佐藤春夫の詩「秋刀魚の歌」、実家が魚屋《さかなや》さんだったテレビタレント明石家《あかしや》さんま、そして、何よりも、秋には、その塩焼きに舌鼓《したつづみ》を打ちます。大根おろしを添えて、内臓ごと食べてこそ、本当の食べ方といえましょう。

秋刀魚は、秋が旬《しゅん》で刀のようで光るところから、そう当てたのでしょう。秋光魚とも書かれました。その姿から、本来は、「狭真魚《さまな》」であったろうと思われています。それが、さんまとなったのでしょう。「此間《このあひだ》おさんの三馬《さんま》を偸《ぬす》んで此返報《このしかへし》をしてやってから」（夏目《なつめ》漱石《そうせき》『吾輩《わがはい》は猫である』）のように、「三馬」とも当てられました。それに関係してか、東京魚商では、「馬《うま》」という符牒《ふちょう》を用いたそうです。

近世の俗語を集めた国語辞書は、「三馬、魚ノ名、さよりに似たり」（俚言集覧《りげんしゅうらん》）といっていますが、同一物の別名と見てよいようです。京都でさより、大阪でさいら、さんまは江戸の言葉だったようです。漢名もなく、古い時代の呼び名もわかりません。食用となってからの歴史が浅いもののようにも思えます。

潮騒（しおさい）

「潮騒《しおさい》」という言葉だけでも、清純で健康な若者の姿が目に見えてくるようです。あるいは、三島由紀夫《みしまゆきお》の小説『潮騒《しおさい》』が重なるからでしょうか。ギリシア的な健康美に憧《あこが》れた三島が、ダフニスとクローエにならって造型した若い男女の、素朴でさわやかな恋物語でした。

潮の満ちてくる時に波が音を立てて騒ぎ立つのが、その潮騒です。単なる潮鳴りとは違います。その潮騒、いまは、そのようにしおさい、またしおざいですが、古くは、しほさゐでした。『万葉集』の昔に用いられていた言葉です。

でも、そのように、しほさゐのさゐが、そのさゐのままでは、ただちに結びつく言葉がありません。『万葉集』にある、その用例は、いずれも万葉仮名であって、表意文字を用いてくれていないのです。そこでか、鎌倉《かまくら》時代、仙覚という学僧が、この語に考察を加えています。

とにかく、さゐのゐがワ行であるところから、「さわく」との関係が見えてきましょう。「さわさわ」とか「さゐさゐ」とかいう擬声語の存在も手伝って、しほさゐのさゐは、動詞「騒《さわ》く」の連用形さわきの名詞化、そしてその転と見るのが、常識的な見方となっています。

そういうわけで、さわきが転じたさゐが、しほさゐのさゐだ、ということになります。ただ、この言葉は、いわゆる中古の代表的な作品の中には登場してこないのです。『万葉集』の後、ずっと見ることがなく、下って、近代以降、あるいは古語の復活かに見える形で、詩歌などに再登場してきたもののようです。あの「心もともにはためきて、潮騒高く湧くならむ」（上田敏訳『海潮音』）、その訳語を用いる背景に何があったのでしょうか。

時雨（しぐれ）

「時雨《しぐれ》」は、陰暦の十月、神無月《かんなづき》の訪れを告げる代表的景物です。降ったりやんだりしながら紅葉を色濃く染めていきますので、秋の山の風情を添えるものとして、歌にも好んで詠まれてきました。引き続いて、俳諧《はいかい》においても、「幾人《いくたり》かしぐれかけぬく勢田《せた》の橋」（内藤丈草《ないとうじょうそう》）など、初冬の季語の筆頭といっていいでしょう。

その時雨、「しぐる」という動詞の連用形と同じであるところから、それが名詞化したようにも思えましょうが、古く『万葉集』には、その名詞の例をしか見ないのです。そして、しぐれの語源については、諸説があまりにも多く、これと絞ることが難しいほどなのです。穏やかな感じがするのは、しげくれなどでしょうか。『大言海』は、「風《し》雨」に「暮る」が付いたものとしています。

漢字表記「時雨」は、『天正本節用集』『饅頭屋《まんじゅうや》本節用集』等に見るところですが、正訓字は「霥」で、『和名抄』や『類聚名義抄《るいじゅみょうぎしょう》』は、そこに訓《よ》みを付けています。「時雨」の登場は、熟字訓史のうえで注目したいところです。

その「時」は、「しばしば」と訓じる副詞としての「時」といっていいでしょう。「雨」は、名詞ではなく、動詞「あめふる」と見たいようにも思えます。あるいは、「時《しばしば》ふる雨」というように解せましょうか。時節を感じて鳴く鳥、「時鳥《ほととぎす》」との関係を考えてのことです。「四《し》具《ぐ》礼《れ》乃《の》雨《あめ》爾《に》所《ぬれ》沾《にけ》良《ら》之《し》母《も》」（万葉集・二二七）など、古くは「しぐれの雨」で、それを略してしぐれというようになり、その後「しぐる」という動詞も行われるようになった、と見たいように思います。

時化（しけ）

「時《し》化《け》」という言葉、不漁をいう言葉としても用いられます。もちろん、本来は、海が荒れることをいう言葉でしたが、海が荒れれば魚がとれませんから、そうなったのでしょう。その不漁をいう時化は、さらに転じて、興行の不入りなどについてもいいましょう。

一般に、この言葉、風がやんで波静かな海面になることをいう「凪《なぎ》」という言葉と、反対語の関係にあるものと位置づけられています。しかし、その凪という言葉が、「…夕なぎに櫂《かぢ》の声《と》聞こゆ」（万葉集・一〇六二）など、古く上代からあるのに対して、時化は、せいぜい近世のある時期以降なのです。「『此《この》ごろはきついしけで。』」と例のくわせぬあいさつする処《ところ》へ」（咄《はなし》本・聞上手《ききじょうず》・しわいやつ）は、不漁を意味するものになっていますが、その早いころの例です。

ところが、「大かた夕川岸《ゆふがし》が来べい。…盆はいつも湿化《しけ》だよ。」（浮世風呂《うきよぶろ》・四中）のように、その漢字表記に、「湿化」を見るのです。そして、何と、『大言海』の漢字表記は「陰」、「風雨気《シケ》ノ義」としています。そこに、「時化」という表記を見ることはできません。『広辞林 新訂版』（昭和二十三年）も、湿気をいうしけの第二義に「海上の風雨はげしきこと。」として、括弧内に（連陰、時化）とあるだけでした。

「時化」という漢字表記は、どこから来たのでしょうか。漢籍に見る「時化《ジクワ》」は、時勢などを意味し、関係あるとは思えません。「時化」という表記、とにかく新しいのです。

「Xiqe, uru, eta：天気が悪くなる、あるいは、空が曇る」（日葡《にっぽ》辞書）などから、中世末には、「しく」、その後「しける」となった動詞が認められます。その「湿《し》ける」が名詞化したもの、それが時化の前身「湿化」なのでした。

四股名（しこな）

いま、しこなというと、「四股名《しこな》」と書く、相撲《すもう》の力士の呼び名をしかいいません。しかし、その四股名に先立って、「醜名」と書くしこながあったのです。そして、四股名も、その醜名の一つであったのです。

中古のころ、醜名は、自分を謙遜《けんそん》したり、他人を揶揄《やゆ》したりする意をこめている名前のことでした。例えば、「明理《あきまさ》の濫行《らんかう》に行成が醜名呼ぶべきにあらず。」（大鏡・伊尹《これまさ》）は、行成が、自分の名前のことをそういっているところです。

ただ、その醜名は、本来、「醜《しこ》の御楯《みたて》」などの「醜」で、醜く卑しいが頑強である意を添える言葉でした。そこで、忌み名を意味していたとも思われてくるのです。魔性がとりつくのを避けるための、名前に対する信仰があったと思われるのです。死後にいう実名で、生前にいうことは忌避《きひ》されたのです。

力士は勝ち負けを賭《か》けて競う勝負師ですから、芸能に生きる人の芸名に同じく、一種の醜名の必要を感じたのでしょうか。「シコ名の異名を付け候ふ者、これあり候はば」（嬉遊笑覧《きゆうしょうらん》・四上）とあって、近世の百科事書も、力士のそれについては、片仮名書きしていました。「四股名」の表記は、「四股を踏む」というしぐさが競技に定着した時期と関わりありましょうか。

そうは思えても、「四股」はあくまでも宛字《あてじ》で、四つも股《また》があろうはずがありません。「力士の如《ごと》く力足《しこ》を踏めば」（内田魯庵《うちだろあん》『社会百面相』）とあって、近代に入っても、「四股」の表記が定着していたわけではありません。「四股を踏む」の「四股」も、「醜名」の「醜」から来ていると見なければならないようです。

竹刀（しない）

剣道部の学生諸君でしたら、しないの語源、ご存じでしょう。「竹刀」と書いてしないと読ませる理由も、説明できることと思います。

第二次大戦直後、そのような武道競技が禁止されました。数年して、いくらか復活の兆しが見えたころ、その剣道のことを、確か「しない競技」といっていたように思います。

そもそも、その竹刀は、いつごろから用いられていたのでしょうか。「Xinai：竹などのまわりを革でくるんだ、撃剣仕合をするための一種の剣」（日葡《にっぽ》辞書）とありますので、中世末ですから、意外なほどに古いということになります。その竹刀は、周囲を皮革で包んだ、いわゆる袋竹刀ということでしょう。現在のものは、柄《つか》と鋒《きっさき》とを鹿《しか》皮で包み、竹刀弦《しないづる》という弦を付け、鍔《つば》をはめたものとなっています。

しないは、歴史的仮名遣いで書くと、しなひとなります。それは、しなふという動詞の連用形で、それが名詞化したものだからです。繰り返しますが、そのしなふという動詞、今でも、動詞しなうとして、なお用いられています。「釣り竿が撓《しな》う」などというでしょう。そして、そのように「撓う」と書きます。

竹刀は、木刀とは違って、撓うのです。撓うから、撓うものという意味で、「撓ひ」というようになったのでしょう。それに、いつか、材質と用途に基づいた漢字表記「竹刀」が結びついて、そこに一組の熟字訓が成立した、ということでしょう。

さきほど、「しない競技」といいました。そのころ、その表記は「撓競技」だったかとも思います。「竹刀」ではなお軍国主義体育と見られるのを警戒したのでしょうか。

老舗（しにせ）

「老舗《しにせ》の跡取り息子《むすこ》」などといいます。父祖の家業を守り継いでいる、そういう商店などについて、そのように「老舗」といいます。近ごろは、大手スーパーマーケットの進出で、その老舗といわれた商店の閉店も続いていまして、淋《さび》しい思いもいたします。

そういう時代ですから、いまさら、「老舗」と書いてどうしてしにせと読ませるのかなど、平生の生活には不要なことでしょうが、それだけに確かめておきたいようにも思います。そのしにせは、「老舗」だけでなく、「為似（せ）」「仕似（せ）」とも書きました、と申し上げましたら、その起源はただちに見えてきましょう。

「為似せる」「仕似せる」、少し古めかしくいえば、「為似す」「仕似す」、その動詞の連用形が、しにせという名詞として成立したもの、それが、「為似（せ）」「仕似（せ）」「老舗」です。「仕似せる」「為似せる」とは、似せてするということで、とりわけて近世の商人の世界で、先祖代々の家業を守り継ぐ意をそこに担わせて用いるようになっていた、と見てよいようです。家業を継ぐ者が、父祖の代の、その盛況に仕似せて、いっそう盛んにしていこうという、そういう思いの籠《こも》っている言葉といえましょう。

「為似せ」「仕似せ」は、広く守り続けていく方針や主義をいうのにも用いられました。しかし、何といっても、商売の世界において用いられることが多く、その店舗に伝統や格式があることをいおうとしてか、その老舗《ろうほ》のさまを表す「老舗」が定着していったのでしょう。その間には、書肆《しょし》の肆を用いた「老肆」などの表記も見られました。ただ、近世の、この言葉を多く見せる西鶴《さいかく》の作品の中などでは、なお仮名書きされていました。

東雲（しののめ）

もう、使う言葉ではなくなっていましょうか。それでも、明け方に何か事件でもあったりしますと、「東雲《しののめ》の空に向かって、被害者のご長男が悔やし涙を押さえて…」などと、そんな紹介をするリポーターもいましょうか。とにかく、古い時代には、夜が明ける、その時間帯について敏感でした。「あかつき」から、この「しののめ」、「あけぼの」、そして「あさぼらけ」を経て、夜の終わりとしての「あした」を迎えました。

同音の「しのふ」などを導く序詞《じょことば》といわれる表現の中に見られる「細竹目《しののめ》」（万葉集・二四七八）、「小竹之目《しののめ》」（同・二七五四）という言葉があります。その篠《しの》の目は、原始的住居の明かり取りの篠竹の編み物の編み目、明かり取りそのもの、夜明けの薄明かり、夜明けそのものというように転じていったと見られます。『古今集』や『源氏物語』など、そのころから、夜明けの、その時間帯をいう言葉として用いられていきます。

それが、「有明は思ひ出《い》であれや横雲のただよはれつるしののめの空」（新古今集・恋三）や「さる程に、しののめやうやう明けゆけば」（平家物語・一二之懸《いちにのかけ》）となりますと、明け方の東の空を意味しているようにも思えてくるのです。あるいは、「東雲」という漢字表記がそう思わせていたのではないかとまで思えるのです。

「篠目　シノノメ　或《ある》いは東雲に作る」（文明本節用集）とありますので、一般には「篠目」と書くが、「東雲」とも書いた、ということがわかります。中には、「東布　シノノメ」（伊京集《いきょうしゅう》節用集）ともあって、「東雲」への動きもうかがえます。その明け方、東の空の雲が朝日に色づくところから、そういう漢字を当てるようになったのでしょう。

紙魚（しみ）

和本や衣類に穴を空ける昆虫、体長一センチメートルほどの銀白色の鱗片《りんぺん》のある昆虫、それを「紙魚《しみ》」といいます。柏木《かしわぎ》の遺書を薫《かおる》が読んでいる場面に、「しみといふ虫のすみかになりて」（源氏物語・橋姫）とありまして、その遺書を、そう描写しています。

そのしみ、辞書の一つには、「蟫　志彌《しみ》」（新撰字鏡《しんせんじきょう》）とあります。また、別の辞書には、「衣魚…和名之美《しみ》… 衣書中に自《おのづか》ら生ずる虫なり」（和名抄・一九）ともありました。「蟫」は、音タン、「蟫魚《タンギョ》」という熟語もあって、虫のしみを意味します。「衣魚」は、「衣魚《イギョ》」という漢熟語もあって、これも、虫のしみを意味します。

さらにちょっと時代が下りました、そのころの辞書には、「衣魚　シミ　白魚　同　紙魚　同」（類聚名義抄《るいじゅみょうぎしょう》・僧下）とあって、同じ、そのしみを、「紙魚」とも書いたことを残してくれてありました。「白魚」は、その虫の色が白いからでしょう。そして、「銀魚」と書くこともありました。「衣」と「紙」は、その虫のいる場所をいうのでしょう。「白」や「銀」は、色でした。「蠹《と》」は木食い虫ということですので、「蟫」と同じく、虫そのものをいうのでしょう。

いずれにしても、残るのは、「魚」が何を意味するかです。それは、そのしみという虫の、体形を魚に見立てていったものです。それは、古代中国において、既にそのように見立てられて、言葉として定着していたのです。

しみという虫の名そのものについては、「湿《し》め虫《むし》」の約音化とするのが、『大言海』です。一方に、「蟫」の音は、タンだけでなく、シンでもありますので、そのシンがしみとなったとする考えもあります。『箋注《せんちゅう》和名抄』の見方です。外来語説というわけです。

注連縄（しめなわ）

夏祭りの町内、その商店街に張り巡らされた注連縄《しめなわ》、左縒《よ》りに縄をなって、四手《しで》という紙（もともとは木綿《ゆう》）を垂らしてあります。地鎮祭の、四本の竹を立てて囲った、その竹から竹へと張り巡らされた注連縄、やはり同じように、藁《わら》の茎を三筋、五筋、七筋と縒り放して垂らし、紙四手がその間々に挟まれています。

もともと、その「注連縄」は、地域を区切るための目印だったと考えられています。その後、神聖な場所に汚れあるものが侵入することを防ぐという意味づけがなされて、神事に必要なものとなっていったのでしょう。夏祭りや地鎮祭だけでなく、新年には門松と併せて門柱に張り渡しますし、常時張りっぱなしの祠《ほこら》などもあろうと思います。

古く、「祝部《はふり》らが斎《いは》ふ社《やしろ》の黄葉《もみちば》も標縄《しめなは》越えて散るといふものを」（万葉集・二三〇九）などと、詠まれてもいました。その「標縄」という文字からは、その意味がよく見えてくるように思えます。「標」字は領有の標識で、この区域は領有しているぞという、つまり、「占め縄」かと感じられてきましょう。

しかし、「注連　之利久倍奈波」（和名抄・一三）とあったのです。こうある以上、しりくべなはの約略としかいえないでしょう。しりくめなはともいったと見てよく、藁の尻《しり》を切り捨てないで、そのままこめておいた縄という意味です。くめは「籠《こ》め」なのでした。それが、新年の飾りであったこと、都の元旦を思いやって述べた、「こへ《小家》のかどのしりくべなはのなよし《鯔》のかしら、…いかにぞとぞいひあへなる。」（土佐日記・承平五年一月元日）からも、明らかです。

ただ、『万葉集』の「標縄」との関係が気になります。「尻籠《しりく》べ縄の標縄」であったというようにも考えたくなりますが、いかがでしょう。

数珠（じゅず）

その漢字のまま読めば、「スウシュ」または「スウジュ」でよいとも思いますのに、ジュズと読むのが、この「数珠」です。仏様を拝むときや念仏を唱えるときに手にかける、あの玉を糸でつないだ輪のことです。

中古の和文など、その系統の古典語としては、ズズであって、ジュズの直音表記と理解されます。つまり、実際の発音はジュズであったろうが、拗音《ようおん》ジュの表記がまだなされない時代だったので、ズと書かれたのだ、と見られているわけです。

それにしても、「数」がどうしてジュなのでしょうか。「珠」を直音表記でスとするというのならわかります。そこのところが、なお理解に苦しむところです。「数」の呉音はシュ、漢音はス、そしてスウは慣用音です。そこに、ジュもズもありません。「珠」は、呉音ス、漢音シュです。その位置からは濁ることもありましょうから、ズとなる理由はいくらか感じとれます。

「Juzuo（ジュズヲ）ツマグル、またはクル」（日葡《にっぽ》辞書）とありますから、ジュズといっていたことは確かなところです。「六年苦行の山ごもり、すずのつぶるも惜しからず」（梁塵秘抄《りょうじんひしょう》・二六九）とあっても、「黒木の数珠手にぬきいれておはします。」（平家物語・六代）などは、ジュズと読まれてきています。

ところで、その漢字の配列が「珠数」となっているものもあるのです。「珠数にかず読《よま》し珊瑚珠《さんごだま》を売《うり》て」（好色一代男・二）や「いづれの出家も珠数切らざるはなし」（好色一代女・二）です。ともに、それでジュズと読んできています。当てる漢字も違いますが、「念珠　ジュジュ」（温故知新書）とするものもあります。そういう事情をもつ「数珠《じゅず》」だったのです。

白髪（しらが）

年をとると、色素がなくなるのだそうです。そこで、頭髪が白くなるのだそうです。その白くなった頭髪を、「白髪《しらが》」といいます。そのように白くなった場合には、眉《まゆ》や髭《ひげ》も、そういいましょう。

「わが袂《たもと》まかむと思はむ丈夫《ますらを》は変若水《をちみづ》求め白髪《しらか》生ひにたり」（万葉集・六二七）は、佐伯宿禰赤麻呂《さえきのすくねあかまろ》という人がいて、自分に思いを寄せていると知った娘さんが、その赤麻呂に贈った歌です。私と一緒に寝たいのなら、若返りの水を探して飲みなさい、あなた、白髪が生えていますよ、というのです。そこに見られる「白髪」は、しらかと読まれ、白髪《しらが》を意味します。

そのように、古くは、しらかであったと思われるのは、「鬒　白髪の皃《さま》　志良加」（新撰字鏡《しんせんじきょう》）とあるからです。「加」という万葉仮名は清音かを表しますので、そう判断するわけです。その後、濁音化したのでしょう。

しらが、古くは、しらか、それは、さらに溯《さかのぼ》ると、しらかみであったろうと推測されています。しらは、しろが複合語の前項となるとき、そうなるのが一般でして、「白露《しらつゆ》」「白波《しらなみ》」など、同じ傾向を見せている例です。かは、「髪《かみ》」のみが略された、いわゆる下略ということになります。

さきほど、眉や髭まで、白くなったら白髪《しらが》というと、わざわざいいましたのは、髪《かみ》が、本来、「上《かみ》の毛《け》」であって、頭髪だけをいった言葉であることを考えたとき、おかしな言い方ということになるからです。

事情を確かめれば、極めて単純なことなのですが、「髪」をがと読ませるのですから、やはり、音・訓の原則からは外れます。そこで『常用漢字表付表』に載っているのです。

不知火（しらぬい）

「不知火《しらぬい》」という現象、古来九州の八代《やつしろ》海沿岸で見られ、現在は有明《ありあけ》海方面に現れるようになっています。燐光《りんこう》だとか、夜光虫だとかいわれてきましたが、今では、湾内の干潟《ひがた》から夜間の冷気が流れ出し、沖合いの比較的暖かい空気と混合して疎密が生じ、漁船の光が屈折してそう見えるのだ、といわれています。

景行天皇十八年、九州巡幸の際、暗夜の海上に忽然《こつぜん》と謎《なぞ》の火が現れ、天皇を大いに驚かせました。そこで、その地を火の国と名づけたのだと、『日本書紀』に書いてあります。その後、都に近いほうが肥前、遠いほうが肥後となったのです。そして、得体の知れない火ということで、「不レ知《しらぬ》火《ひ》」といわれ、やがてひがいになって今に至っているのです。

その一方に、国名「筑紫《つくし》」にかかる枕詞《まくらことば》「しらぬひ」がありました。それを「不知火」というように長い間見てきましたが、今では、誤りであることがはっきりしました。ひの音が、火を表すものとは違うからです。古くは、ひには二種類あって、筑紫の枕詞の「しらぬひ」のひは、日などを表す発音でした。「白縫」などとも書かれ、意味はなおよくわかりませんが、都から遠いので、旅行の日程がわからない意かともされます。

同じ九州が舞台となる「しらぬひ」ですが、漁火《いさりび》の異常屈折反射をいう「不知火」と、「しらぬひ筑紫の国に泣く子なす慕ひ来まして」（万葉集・七九四）などの枕詞の「しらぬひ」とは、全く別の言葉だったのです。もちろん、その「不知《しらぬ》」の部分は同じかとも思われます。漢文式表記で、返って読む「不」の字は、打消の助動詞「ず」の連体形のぬとして読まれているわけです。

素人（しろうと）

そのことを職業としていない人が、そのことをしたり、しようとしたりするとき、この「素人《しろうと》」という言葉を用いていうようです。医者でもないのに、何らかの手当てをしたりすると、それを素人療法といったりするように、職業にかかわる何かをするか、しようとするか、そういう状況下においていう言葉といっていいでしょう。

その素人の古い例を、世阿弥《ぜあみ》が「ただしらうとの老人が風流《ふりう》・延年《えんねん》なんどに身を飾りて、舞ひ奏《かな》でんが如《ごと》し。」（風姿花伝）といっている教えの中に見ることができます。すると、この言葉は、芸能関係の世界に始まったもののようにも思えます。「Xirŏto：職業とはしないで役または芸をする人」（日葡《にっぽ》辞書）などからも、やはりそういう感じがしてきます。

そこで、それら素人は、しらうとと表記されていますし、発音されていた、とわかります。『日葡辞書』の、その語の第二・第三音節はrŏとあって、その˘という符号が、開音という、口の開け方の大きい音であることを示しています。つまり、しろうとではなくて、しらうとだということです。

しろは、複合語化するとき、古い時代から、しらと転じる傾向を見せていました。それに倣ったと見てよいでしょうか。一方には、「痴人《しれひと》」が本来であるとする見方もありましたが、今では否定されています。

何もない意のしろは、「素」の字がいっそうふさわしいともいえましょう。ただ、その「素人」、芸妓《げいぎ》や娼婦《しょうふ》に対して普通の女性をいう、そういう場合に登場するのが、意外にも早くて多いようです。「素人女」が、汚れなさも手伝ってか、この表記を広めていったようです。

師走（しわす）

陰暦十二月の異名「師走《しわす》」、古典の時代の言葉なので、しはすということになりましょう。上代から、きわめて一般的に用いられており、「季冬」（日本書紀・仁徳天皇）をそう読ませたり、「十二月」（万葉集・一六四八）をそう読ませたりもしています。仮名で書かれた最初の日記に、「それのとしのしはすのはつかあまりひとひのいぬのときに」（土佐日記・十二月二十一日）と、その日付をいうのにも用いています。異名というのは後世の理解といったほうがよいようですが、それはともかく、「霜月《しもつき》しはすの降り凍り、みな月の照りはたたくにも」（竹取物語）からは、そう呼ぶときは、一貫してそう呼んだように思えます。

古辞書への登載は、ただし、下って、「臈月　シハス　十二月同　俗に、師馳《は》するの釈有りと云《い》ふ」（色葉字類抄）というように現れます。しかも、そこに、俗にいうとはいいながらも、師が馳せ走るという解釈があると載っていたのです。

その「師馳」、現行の「師走」にしても、あるいは「しはせ」であっても、重箱読み、つまり音訓混ぜ読みということです。その意味を、経をあげるために師僧が東西を馳せ走ると解するならば、外来語といってもよい「師」がそのように用いられていたことになります。

もちろん、「としはへる（月）」など、他にも、七説か八説は確実に数えられますので、それほどに、しを「師」と見ることには、多くの先達が抵抗を覚えて発言してきていた、というわけなのです。「薬師《くすし》」「土師《はじ》」などの「師」の存在と併せて、悩むところです。

「師馳」は、「臈月《しはす》」の解釈であるとしても、その後、『節用集』など、多くが、「師趨《しはす》」という表記を採用、「師走」は、その後です。

西瓜（すいか）

西瓜は、フルーツ専門店でも、八百屋《やおや》でも売っています。そこで、果物《くだもの》なのか野菜なのか、日々の議論となりましょう。植物学では、メロンや、その他の瓜《うり》の類に同じく、野菜の仲間です。なお、果肉は、多くが紅色ですが、黄色のほうが先祖なのだそうです。

ここのところ、八百屋の店頭で見る、この名称、「水瓜《すいか》」とあるほうが多くなってきているように思えます。国語辞典が、その表記について、「水瓜」は【△西×瓜・水×瓜】などとしているのも、影響しているのかと、思えてなりません。確かに、「水瓜」は「西瓜」に次ぐ順位となっていますが、×印で「瓜」が常用漢字の表外であると、△印で「西」が『常用漢字表』にない音訓であると、そう教えられます。「水」だけは、傷のない使い方と思えてきましょう。

「西瓜」は、この植物の漢名です。「西瓜は五代より始まる。」（陔余叢考《がいよそうこう》）とあります。その「西瓜」の唐音サイカが、日本ではスイカと発音されるようになってしまったのです。「西瓜 スイクハ」（書言字考節用集）とありますように、そのころには、外来語として定着していたのでしょう。「瓜」に「クハ」と読みをつけるのは、語中語尾の「は」が「わ」と発音される時代となっていたため、逆に、「ワ」とすべきところを「ハ」としてしまったものです。

「西」は、その原産地の西域地方を意味しています。中央アジアから中国に入ってきた西瓜は、やがて日本に伝わります。物とともに、名もそのまま入ってきましたが、発音には、当然、ずれが生じます。外来語の常です。

スイカという発音とそのみずみずしい果肉との連想から水瓜の表記が生まれたのでしょう。「なんぼ静岡だって水瓜位はありますよ。」（夏目《なつめ》漱石《そうせき》『吾輩《わがはい》は猫である』）とありました。実は、そう書く例は、早くも、近世からあったのです。

出納（すいとう）

金銭出納簿《すいとうぼ》の「出納」、シュツノウではなく、スイトウです。その専門の方面のものとしては、「政府に属する現金若《もしく》は物品の出納を掌《つかさど》る所の官吏は其《そ》の現金若は物品に付《つき》一切《いっさい》の責任を負ひ」（明治二十二年・会計法二十六条）などの用例を見ます。金銭の出し入れをいっていますし、読みも、そう読んでいいようです。

「出」がどうしてスイなのかを考えるとき、官有の穀物を人民に貸して利息を取った出挙《すいこ》という古い時代の制度、あの出挙のスイが浮かんできますので、そういう音もあるのかと、結びつきましょう。ただ、「納」は、ノウ・ナッ・ナ・ナンなどの音に、このトウの音が加わりますが、トウと読む例は、この一語に限られるようです。

このような、金銭の出し入れをする担当を、古くにも、「出納」と書いてはいました。しかし、読みはシュツノウ、歴史的仮名遣いでシュツナフでした。広く、文書・雑具の出し入れに当たる役も、そういったようです。あの、伴大納言《ばんだいなごん》が応天門を焼く事件、発端は、出納の子と舎人《とねり》の子童《こわらわ》とのいさかいでした。

そこで、同じ出納と書いて、きわめて当然の読み方をしてきたシュツノウが、一体、いつごろからどういう事情でスイトウになったか、ということです。『日本国語大辞典』も、スイトウと読むようになったのは比較的新しい時代になってからのものと思われる、といっています。

「出」の自動詞用法は、呉音シュチ・漢音シュツです。他動詞用法は、呉音・漢音ともスイです。この場合は、他動詞用法なのです。「納」をトウ（タフ）と読むのは、慣用音です。ノウ（ナフ）が、「出」字を受けて転じたものでしょう。そうではあっても、現在、慣用音に位置づけられています。

双六（すごろく）

お正月にする「双六《すごろく》」、といっても、今は、そのゲームも遠い昔となりました。本来の双六は、その絵双六とは違って、木盤に十二の罫《けい》、敵・味方の領地に分けて、二個の賽《さい》を振って出た数だけ馬を敵地に送るという競技でした。その二個の賽の双方に六の目が出れば負けることはないところから、「双六」の文字を当てたと、『和漢三才図会』（寺島良安著・一七一二年成立）にあります。

その本来の双六は、インドにおこり、中国に渡り、それが日本に伝来しました。持統天皇の三年、「雙六《すぐろく》を禁《いさ》め所《や》む。」（日本書紀）とありますので、既に盛んに流行していたのでしょう。そのように、古くは、すぐろくで、「双六… 俗に云《い》ふ、須久呂久《すくろく》」（和名抄・四）とあります。

白河院の有名な言葉「賀茂河《かもがは》の水、雙六の賽《さい》、山法師《やまほふし》、是《これ》ぞわが心にかなはぬもの」（平家物語・願立て）については、『高良本』はすごろくとしているものの、なお、『高野本』など、すぐろくとしているものもありました。辞書も、「雙六 スコロク」（下学集）が初出のようです。

すごろくの前身すぐろくの、そのすぐと、漢字「雙」「双」とは、どう結びつくのでしょうか。まず、「双」は「雙」の新字体ということで、古くは俗字でした。その音は、「雙」でも「双」でも、呉音・漢音ともソウ、歴史的仮名遣いでサウです。したがって、漢語としては、ソウロク、歴史的仮名遣いでサウロクのはずです。

すぐろくの語源、少なくとも、「雙六」「双六」の字音からとする見方以外は、退けなければならないでしょう。当初、「雙」「双」字の音サウにこだわらないで、「雙六」「双六」という既成の一語として中国から入ってきた時点で、原音に忠実に聞き取ったのでしょう。その結果としてのスグロクだったのでしょう。ちなみに、現代中国語の「双」、shuāng です。

朱雀（すざく）

「朱雀」をそのまま読めば、「朱」がシュ、「雀」がジャクで、シュジャクでしょう。それなのに、『源氏物語』に登場する、光源氏のお兄さん朱雀院は、スザクであって、シュジャクではありません。「朱雀」は、シュジャクなのでしょうか、スザクなのでしょうか。

朱雀は、もともと、南方の神でした。東方の青竜、西方の白虎《びゃっこ》、北方の玄武とともに、四神の一つでした。中国の、漢代のころの考え方です。日本では、京都の大路の名や、門の名に採用されました。中世以降の辞書が、その大路の名を「朱雀　シュシャク」（伊京集《いきょうしゅう》節用集）と記し、門の名を「禁門　朱雀　シュシャク」（書言字考節用集）と載せてくれてあります。したがって、広くシュジャクと読んでよいわけです。

ところが、平安時代の、いわゆる和文といわれる文章の中には、すざく、実際には濁点はありませんから、すさくといったほうがいいでしょうか、そういう形で現れるのです。その理由を申し上げましょう。当代にあっては、そのような外来語に見られる拗音《ようおん》については、直音として表記したからなのです。シュという拗音を直音仮名すとして、ジャクという拗音を直音仮名さくとして表記したのです。さきほど引きましたように、それが、中世になると、拗音表記も行われるようになっていったわけです。

この問題、拗音の直音表記ということだったのです。実際の発音は、なお拗音性を見せていたでしょうし、その後も、拗音として現代に至っています。ただ、古典の本文を朗読する場合とか、その名称を現代の表記の中に取りこむ場合には、その仮名のまま、すざくはスザクと、読んでいくのが慣行となっている、ということです。

相撲（すもう）

「相撲《すもう》」の起源については、その昔の、当麻蹶《たいまのけ》速《はや》と野見《のみの》宿禰《すくね》とのそれが、話題として伝えられてきています。ただ、言葉としてのすもうは、中世末ごろからのようです。「身どもが相撲《すまう》好きぢや程に、相撲も取り」（虎明《とらきら》本狂言・蚊相撲）など、そのころから、この語形をどっと見るようになります。

そこに示したように、歴史的仮名遣いでは、すまうと判断されます。そう申し上げましたのは、すまふとする説もあるからです。いずれであるかはともかく、「すまふ」という動詞、争うという意味の「すまふ」という動詞から、この言葉は生まれました。

「角力」と書いても「力士」と書いても、すもうです。でも、ともに、相撲取りをいうすもうです。もとは、力比べの競技をいったもので、結果として、その競技をする人をもいうようになったのでしょうから、本義としてのすもうは、「相撲」と書くほうが当たりましょう。もっとも、その最も古い、蹶速と宿禰との原文には、「令捔力」（日本書紀・垂仁七年七月）とあって、「すまひとらしむ」と訓じています。

すまうの前身すまひは、中古まで、「相撲《すまひ》の勝ちたるには、負くる方をは手たたきて笑ふ事、常の習ひなり。」（今昔物語集・二三・二五）などと現れます。相撲を取る人をいう例も、「すまひ負けてゐる後ろ手（＝ウシロ姿）」（枕草子《まくらのそうし》・一二五）のように見ることができます。そこで、すまうは、すまひのウ音便形と見るのが、今の大勢です。

平安時代には、「相撲《すまひ》の節《せち》」といって、諸国から召集された相撲人が競技する年中行事もありました。外国人力士が大いに活躍する時代ですが、その言葉に併せて、国技の歴史を覗《のぞ》いてみました。

雪隠（せっちん）

「雪隠《せっちん》」とは、将棋《しょうぎ》で相手の王将を盤の隅に追い込んで詰める、あの雪隠詰めでわかるように、一軒の家の隅に当たる所にある便所のことです。厠《かわや》のことです。手水場《ちょうずば》のことです。また、後架ともいいましょう。最近は、トイレット、丁寧語の「お」を付けて下略し、おトイレなどともいいます。あまりの多さに驚きます。場所が場所だけに、使っているうちに、嫌になってくるのでしょうか。

「厠」とは、川の上に架け渡して作った屋の意ともいわれますが、やはり、母屋《おもや》のそば、それを側《かわ》といいました。そこに建てた側屋と見るのが穏やかでしょうか。手水場は、その後、手を洗う手水場、それをそのままその場所をいうのにも用いたものでしょう。

雪隠は、雪竇《せっとう》禅師という人が雪隠寺というお寺の浄頭《じんじゅう》という係、そういう所の担当をしていたところから、そう呼ぶようになったようです。その雪隠寺の寺名を採ったというのでしょう。

ただ、その雪隠、つまりセツインが、どうしてセッチンとなるのでしょうか。雪の字の末尾の音は、外来語化した段階では、セツのツとなりますが、本来は、tで終わる音でした。日本語は一部の例外を除いてみな母音で終わりますもので、母音を添えてツとなったのです。その本来のtの次に、隠、つまり母音のiが続きますから、当然、tiとなりまして、そこにセッチンのチが生まれることになるわけです。このようにして、セッチンと発音されるようになったのです。

この現象も、本書のあちこちに見られる、連声《れんじょう》の一つです。隠の字にチンの音があるわけではありません。

台詞（せりふ）

舞台で俳優が劇中人物になって言う言葉を、「台詞《せりふ》」といいます。俳優のことを役者といった時代、近世のある時期から、突如、現れました。それ以前には、全く見ません。「科白」と書いても、そう読みます。近世には、いっそう多様な漢字表記例を見ることができます。

平生の、人に対する言いぐさについても、そういいます。「あいつの台詞が気に入らない。」といったりする、その台詞です。決まり文句的なところから、舞台の上で言う台詞を、そこに転用したのでしょう。

そこで、本来は、舞台で言う俳優の言葉ですから、台本どおりに言うことになります。その台本に示された言葉だから、「台詞」と書くかのようにも思いたくなりますが、どうも、そうではないようです。「台本」という言葉そのものの成立が、なおよくわかりません。「台詞ハ、舞台詞ノ略カ。」（大言海）に従うことになりましょうか。

「科白」という表記は、中国の白話《はくわ》以前の熟語、役者のしぐさとせりふをいう「科白」を採用したものといわれています。「科」がしぐさで、「白」がせりふでしょうか。「白」には、言う意があるのです。そこで、「むかしの一言の白《せりふ》…」（森鷗外《もりおうがい》訳『即興詩人』）など、「白」だけでせりふと読ませる例もありました。

他に、「演説」「分説」などの表記も行われました。「俳優《やくしや》の動止《しうち》と言語《せりふ》に伴ひ…」（坪内逍遥《つぼうちしょうよう》『小説神髄』）のように、「言語」もありました。

せりふの語源は、「競《せ》り言ふ」とも、また「競り合ふ」とも、いわれています。役者が舞台の上で競り合うように言う言葉、ということなのでしょう。

掃除（そうじ）

小学生こそ質問したくなるのが、「掃除《そうじ》」の「除」だと思います。ジと読めても、他にそう読む仲間が見つからなくて、不安に思えてきませんでしょうか。まして、掃除当番に当てられたりして、何人かだけ帰宅できないというような状況に追い込まれなどしていましたら、先生、どうしてジと読むのか教えてくれなかったら、掃除しません、などと、言いたくもなるでしょう。

「除」という漢字の音は、一つがジョ、いま一つが、このジです。そのジョは、歴史的仮名遣いに従うと、ヂョ、ジはヂです。そのジョ（ヂョ）は、呉音です。漢音はチョですが、その音を採用した現代日本語はないようです。そして、その問題のジ（ヂ）は、慣用音として行われているものでした。

慣用音といってしまえばそれまででしょうが、やはり、どうしてそうなったか、知りたいでしょう。そして、古典語「除目《ぢもく》」の存在を知ったら、何か手掛かりはないかと、当然いっそう思いたくなります。

除目とは、大臣以外の官職の任命式のことです。前任者を除き、新任者の名前を目録に記すところから、そういったようです。ヂョモクともいいました。「除目　チョモク　諸官に任ずること時に之《これ》を行ふ」（文明本節用集）とあります。掃除も、「預《あらかじ》め家屋を掃除《さうぢょ》して吾輩《わがはい》を待つ可《べ》き事を命ぜり。」（織田純一郎《おだじゅんいちろう》訳『花柳春話』）とあるように、サウヂョといっていたのです。明治十二年刊の文献の中にでです。

拗音《ようおん》の、半母音のョの部分を落としてしまった、とでもいったらいいでしょうか。「菩提樹《ぼだいじゅ》」をボダイジといったりするのと、同じように見てもよいでしょうか。

蕎麦（そば）

赤い茎、秋に白い花をつける植物、それを「蕎麦《そば》」といいますが、その三角形の黒い実を粉《こな》にして、練って薄く伸ばし、細長く切って食べる、その食べ物も、「蕎麦」と呼びます。「もり蕎麦」「手打ち蕎麦」の蕎麦です。

その蕎麦のことを、古くは、「蕎麦… 和名曾波牟岐」（和名抄・一七）とあるように、「そばむぎ」といっていました。そこに当てられている漢字は、全く同じです。そして、その「蕎麦」は、「蕎麦《ケウバク》」という漢語として、唐詩の中にも、「月明らかにして蕎麦の花雪の如《ごと》し」（白居易「村夜詩」）と詠まれていたのです。そのように、そばむぎといっていた蕎麦を、いつか略して、いま、そばといっているのです。

辞書を追って見ていきますと、『色葉字類抄』や『類聚名義抄《るいじゅみょうぎしょう》』までは、そのそばむぎですが、「喬麦 ソバ」（下学集）というように、その『下学集』以降は、略称そばが一般となっていきます。草冠《くさかんむり》がないのは、たまたま『下学集』にそうあっただけで、「蕎麦 ソバ」（文明本節用集）など、みなそばです。

その「蕎」は、その喬が音符でもあり、意符でもあって、背の高い草という字義でしょう。そういう種類の麦ということで、その外来の漢熟語に当てる訳語として新造されたかに思えるのが、このそばむぎです。

そこで、そばむぎのそばとは何かということになってきましょう。三角形の実、そのように稜角《りょうかく》がありますので、稜角をいうそばが採用されたのでしょう。むぎの上に、そのそばを冠したのでしょう。

蕎麦屋の暖簾《のれん》、変体仮名で、「そば」と書かれています。「そ」の字母は「楚」、「ば」の字母は「者」です。字義には何の関係もありません。

征矢（そや）

今では、そういう姓氏があるということで、それ以外の現代語として用いることは、まったくないといっていいでしょう。戦闘用の矢で、特に、雁股《かりまた》・鏑矢《かぶらや》などに対して、細長く尖《とが》ったやじりをすげた三つの立て羽の矢をいうもののようです。腰の所に固定して背負う、あの箙《えびら》に差す場合には、中差しといって、この尖り矢がほとんどだったようです。

用途からでなく、形状から呼び分けられるのだなどともいわれますが、とにかく、その「征矢《そや》」のそが何であるか、そこが見えてこないのです。ただ、そのそに「征」を当てるのは、「征箭 曾夜」（和名抄・一三）や、さらに『陸奥風土記《みちのくふどき》・逸文』にも見るところです。常識的には、猟矢《さつや》といわれる、狩猟用の矢に対して、この言葉が存在するということになりましょう。

ただ、ここに、「や」よりも古い、矢を意味する「さ」という言葉がありました。「鮎《あゆ》を取らむと投ぐる箭《さ》の」（万葉集・三三〇）などと出てきます。箭を投げて鮎を取ったようです。そのさは、朝鮮語 sal（矢）と同源かともされています。

そのさが、「そや」のそと通うものかと見る考えがあります。それに従うと、さとかそといわれる古い矢の、そういう矢、ということになりましょうか。箭も矢も同じですから、上代・中古は多く征箭と書いていたものが、その後、征矢と表記されている、というだけのことです。

とにかく、「そや」という言葉が先にあった、それに、戦闘用の矢ということで「征箭」「征矢」の字が当てられたということです。ただ、「征」の音セイがサ行であったことが、大いにこの表記を支援していたでしょう。

算盤（そろばん）

　電卓がこれほどに普及してしまった現在、「算盤《そろばん》」を使っている職場や家庭というと、それは、きわめて稀《まれ》ということになりましょうか。それでも、まだ、どんな町にも、そろばん塾は残っています。何でも、その勉強で体得する位取りの感覚が大切なのだ、と聞いたりもしています。

　その算盤は、「十露盤」とも「珠盤」とも書かれます。中国の元代に作られたもののようです。日本には、豊臣秀吉《とよとみひでよし》の家臣毛利勘兵衛重能《もうりかんべえしげよし》が明《みん》に赴いて、その使い方を学んだうえで持ち帰った、といわれています。その他にも、幾つか、その伝来の言い伝えはあるようですが、とにかく、その前後、中国からもたらされたものであることは、認めてよいところです。

　実は、中国でも、「算盤」なのだそうです。その、当代の中国の発音を、その品物とともに輸入したのでしょうが、その結果、「算」の部分がソロとなって現在に至っている、ということなのです。「算盤《ソワンバワン》ノ唐音ノ訛《なまり》。」（大言海）という説明に従えば、「算」という字のソワンという音が、ソロというように訛った、ということでしょう。

　「十露盤」の「十露」は、宛字《あてじ》です。「十《そ》」は「十《じゅう》」の古語そで、「八十《やそ》」などのそです。「露」は、その音を借りたものです。「珠盤」は、その材質を表した表記ということになりましょう。したがって、「算盤」は、その用法を示した表記だったことになります。

　そういうわけで、「算盤」は、その意味どおりの正式な漢字表記だったのです。発音がソロに転じた背景には、珠の鳴る音との関係が云々《うんぬん》されもしますが、いかがでしょう。

松明（たいまつ）

松の脂《あぶら》が多い部分、または竹や葦《あし》などを束ねて、それに火を点じて照明に用いるもの、それが、「松明《たいまつ》」です。中世の、『平家物語』や『太平記』の合戦の場面には、必ず現れるといっていい照明具です。さらに古く、中古、つまり平安時代は、室外の夜の行事となると、この松明、欠かせないもののようでした。

上代の文献の中に、言葉としての松明は見かけないようですが、新井白石『東雅』は、伊弉諾《いざなきの》神《かみ》が湯津爪櫛《ゆつつまぐし》を取って、男柱《おばしら》と呼ばれる歯を折って、秉炬《たび》としたのが、松明の始めだ、といっています。その秉炬とは、「手火《たひ》」で、照明具を意味します。したがって、言葉としての「松明」がその神代の時代に成立していたかどうかはわかりません。

九世紀末に成った『新撰字鏡《しんせんじきょう》』という古辞書には、「炬　太比　又止毛志比」とあって、「炬」に相当する和語を、たひまたはともしひとするにとどめています。辞書がたいまつを載せるのは、中世の『色葉字類抄』以降です。

そこで、たいまつの語源については、先行する「手火」が意識されてか、「たひまつ」説が有力だったのです。先に引いた『東雅』をはじめとして、下っては、あの柳田国男《やなぎたくにお》『火の昔』も、そのようにいっています。でも、中古・中世の仮名書き資料にはっきり「たいまつ」とあって、そこに「ひ」と表記されることがなかった以上、「たひまつ」説は、否定しないわけにいきません。

松明のことを、「続松」とも書いてつきまつ・ついまつともいったところからは、「焚《た》き松」の「き」がイ音便化したものと見えてきます。たいまつはたきまつだったのです。「松明」は、それに当てた熟字だったのです。

手弱女（たおやめ）

「手《た》弱女《おやめ》」という言葉、もはや、現代に生きて用いられる言葉ではなくなってしまっています。仮に用いられたとしても、「か弱い手弱女に、そんな肉体労働をさせるなんて。」などというように、ちょっとふざけた物言いの場合に限られましょう。それにしても、この用例など、手が弱い女ということなのか、と思われてしまいそうです。

歴史的仮名遣いでたをやめ、ワ行のをですから、たわやめでもあったのです。そのたわやめ・たをやめは、上代にこそ、多く用いられました。そして、「手《た》弱女《わやめ》の思ひたのみて…」（万葉集・九三五）など、そのように、「手弱女」と書かれていたのです。もちろん、「婦人　日本紀に云《い》ふ、手弱女人　和名太《た》乎《を》夜《や》米《め》」（和名抄・二）からは、それが女性一般をいう言葉で、たをやめというほうが中古のその時点では標準であった、ということでしょうか。

たわやめのたわについては、「撓《たわ》む」「たわわに（＝しなうさま）」のたわと同根と見られています。やは状態をいう接尾語、それに女性をいうめが付いて、全体で一語を構成しているのでしょう。したがって、「撓や女」か、せいぜい「嫋《たを》や女」ぐらいの表記であってよいかとも思うのですが、どの古語辞典も、「手弱女」を、その漢字表記として採用しています。それは、上代から、その「手弱（女）」という宛字《あてじ》が行われていたからにほかなりません。

「手」がたと読めるのは、「手《た》綱《づな》」など、母音が交替する例があるのを利用したものです。次のわやの音をよわに通わせたのは、裏に、しなやかさを弱いものと見る意味の似通いが働いたからでしょうか。

山車（だし）

「山車《だし》」というと、どこの祭礼が見えてきましょうか。京都の祇園《ぎおん》祭りでしょうか。飛騨《ひだ》の高山祭りでしょうか。その、「山車」、人物や花など、種々の飾り物をつけて、引いたり舁《かつ》いだりする屋台のことです。そのとおり、屋台ともいいます。やまとも、だんじりともいいます。

その屋台をだしというのは、出すものだから、といわれています。「出し車」のだしだというのです。ただ、それは、平安時代の「出《い》だし車」とは関係ありません。簾《すだれ》の下から女房《にょうぼう》装束の袖《そで》や裾《すそ》などを牛車《ぎっしゃ》の外に出した、その出だし車は、当時の流行風俗でした。それに対して、出し車は、あくまでも、その車を飾り物として出すということでしょう。

しかし、そのだしを、「出車」などとは書かないで、「山車」と書くのです。それを、だしと読ませるのです。そういうわけで、その言葉は、その車を扱う動作というか、その車に関わる人間の動きをいったものです。しかし、そこに用いる「山車」という表記は、そのものの形態をいったものといえましょう。言葉の成立と、当てる表記との視点が、そのように違うのです。

それをやまともいうのは、その屋台の形態を、そのままいったものです。やまぼこの略称ですが、やまは、飾り物が山の形をしているので、そういったものです。だんじりは、壇尻などと書きますが、音で選んだ宛字《あてじ》です。だからといって、語源がわかるわけでもありません。台躙《だいにじ》り説など、いかがでしょうか。

山車でだしと読む、その表記と本来の意味とは、そのままでは結びつきません。それぞれは出し車のだしと、形態を漢字化した山車とだったのです。

黄昏（たそがれ）

山口洋子作詞の「よこはま・たそがれ」は、その「よこはま　たそがれ　ホテルの小部屋」と聞いただけで、あるムードが漂ってきます。その夕暮れ時を、どう受けとめるかは、いろいろありましょうが、横浜という港町には、女の涙が結びつくことになるのでしょう。

たそがれは、古くはたそかれでした。「誰《た》そ彼《かれ》」ということで、周囲が暗くなってきた中に、人影などを見て、"Who is that?" といった、その一文と見てよい言葉です。だれであるかわからないので、そう問いかけた言葉ということです。

「たそかれにほのぼの見つる花の夕顔」（源氏物語・夕顔）など、その用例からも、夕顔の咲く時間帯と重なるものと見てよいようです。ただ、中世の辞書には、「誰別　タソカレ　倭《やまと》では俗に夕べを云《い》ふ」（文明本節用集）とあって、もう「誰《た》そ彼《かれ》」の本義は見えなくなっていたということでしょうか。

「黄昏《クワウコン》」は、本来、漢詩文に現れる熟語です。「惟有㆓黄昏鳥雀悲㆒」（劉廷芝《りゅうていし》「白頭を悲しむ翁に代はる詩」）は、一般に、「ただ黄昏鳥雀《てうじやく》の悲しむ有るのみ」というように音読されてきています。したがって、その熟語がたそかれ・たそがれと結びつくのは、さらに時代が下ってからと見なければなりません。

たそがれ時に対立する関係にあるのが、「かはたれ（彼《か》は誰《たれ》）時」でした。いや、もっぱら明け方をいうようになったのは、ある時代以降のことのようですが、それも、まったく見られなくなりました。対して、夕暮れをいうたそがれは、漢字表記「黄昏」とも結びついて、それなりに生きつづけています。そして、時には、あるムードをかもす用語として、歓迎されもしています。

三和土（たたき）

土間《どま》がある家というものが、もはやなくなろうとしています。農家の土間は、そこで夜業《よなべ》をすることなども考えられていたでしょうから、これは、広いものが多かったのも道理です。一般の住宅では、玄関や台所をそうしているつくりもありましたが、今は、玄関はタイル貼りなどになってしまっていましょう。

赤土・石灰・砂利などににがりを混ぜ、水でねって叩《たた》き固めた土間が、本来の「三和土《たたき》」でした。その後、コンクリートで固めた場合についても、そう呼んでしまっています。

「叩く」という動詞は、古く上代からあって、繰り返して打つ動作を広く受け持ってきました。その連用形「叩き」は、名詞に相当する働きを見せて、刑罰をいう「叩き」、あの「百叩き」の「叩き」、鰹《かつお》や鯵《あじ》を包丁で叩いてつくる、あの料理の「叩き」などなど、そういう発展をさせてもいました。三和土のたたきも、その「叩き」なのです。

したがって、「叩き」と書いてもよいわけです。「ひさしの打《たたき》の隅なんぞへ、ちょいと小さく穴を開けてサ。」（滑稽《こっけい》本・和合人）など、「打」という一字をそう読ませて、その意味で用いることもあったのです。一方では、「合はせ土」といったこともあるようです。

「和」は、あえる意を表します。混ぜ合わせる作業工程を表すのに、この漢字を採用したのでしょう。「四つ角を曲がつて和土《たたき》の廊下を下へ降りた。」（夏目《なつめ》漱石《そうせき》『三四郎』）は、その「和土」だけで表している例です。もちろん、和《あ》える材料は、何種類にも及びます。そこで、その何種類かを「三」で表した結果が、「三和土」だったのでしょう。

太刀（たち）

「大刀《たち》」なのか「太刀《たち》」なのか、ともに認めるにしてもどういう違いがあるのか、現代語としてはどちらなのか、など、この言葉には幾つもの問題があります。まず、どちらの表記もある、ということです。「大刀」は、古代の反《そ》りのない直刀《ちょくとう》をいい、「古墳から、大刀《たち》が出土した。」というような場合に限られます。

そこで、『常用漢字表付表』に載っているのは、「太刀」だけです。お相撲《すもう》さんの、あの土俵入りの太刀持ちなど、今は、「太（刀）」のほうだけだと思っていいでしょう。「大刀」との違いをあえていえば、平安時代以降の、反りのある長い刀ということになります。

日本武尊《やまとたけるのみこと》東征の帰途、病を得て尾張《おわり》まで戻って歌う「一つ松人にありせば大刀佩《は》けましを」（古事記歌謡・二九）は、「大刀」です。夕顔を連れて泊まった廃院で六条の御息所《みやすどころ》の物《もの》の怪《け》に襲われ、源氏が魔除《まよ》けのためにする「太刀を引き抜きてうち置き給ひて」（源氏物語・夕顔）は、「太刀」ということになります。

そうはいっても、その「大刀」と「太刀」との書き分けは、現代において、意識的にそう区別しているということです。例えば「大刀 タチ 剱《けん》に似て一刃なるを刀と曰《い》ふ」（色葉字類抄）の、その「大刀」は、内容からは「太刀」であることになります。もちろん、『節用集』の類は、「太刀」となっていました。

「太刀」の「太」の音がタであるところから、「刀」がどうしてちなのかなどと思われてしまうようです。それら、「大刀」「太刀」と、その読みたちとの関係は、熟語「大刀」「太刀」の訓ということでしかありません。そのたちは、「断ち」で、切断する意の動詞「断つ」の名詞形だったのです。

殺陣（たて）

演劇や映画でする、殺人や立ち回りといった乱闘の演技、またその乱闘の場面についても「殺陣《たて》」といいます。その演技を指導することを、「殺陣をつける」といい、その殺陣をつける人を「殺陣師《たてし》」と呼びます。

その殺陣師のことを、「立師」とも書きました。むしろ、古く歌舞伎《かぶき》の世界では、そう書いていたようです。もともとは、中堅役者の中で、立ち回りの上手な人のことでした。そのうち、立ち回り専門の役者をそう呼ぶようにもなり、さらには、立ち回りを他の役者に教える専門職が現れてもきたようです。その教える専門家をもっぱらいうようになって、いつか、演劇や映画の世界に及んでいったかに見えてきます。

一座の中心になる重要な役者のことを、立役者《たてやくしゃ》、また立役《たてやく》ともいいます。今では、芝居《しばい》の世界だけでなく、中心になって活躍する重要な人物を、広くそう呼びます。立作者《たてさくしゃ》という言葉もあって、座付狂言《ざつききょうげん》作者のうちの、第一人者を、そう呼びました。

立狂言とは、二種の演目がある日、そのメインとなるほうをいいます。相撲《すもう》でいう立行司《たてぎょうじ》も、大勢いる行司のうちの横綱格のことです。そういう「立《たて》」は、席次が上で派手に目立つ存在を意味する接頭語です。立師の「立《たて》」にも、派手に目立たせる意がうかがえます。

立師が指導する立ち回りの演技は、当然殺しなどのある修羅場《しゅらば》の舞台でしょう。その「殺」に続く「陣」は、配置する場所を意味しましょうか。「大勢相手にして太刀打ちするを殺陣《たて》といひ、少しき事は立ち廻《まは》りといひ」（歌舞伎事始・二）からは、そういうように感じとれてくるのです。

伊達だ（だてだ）

「伊達《だて》眼鏡《めがね》」「伊達の薄着《うすぎ》」、また「伊達や粋狂《すいきょう》じゃない。」などともいいます。その「伊達」とは、見栄《みえ》を張って派手に振る舞うことです。そのような人を、近世には、「伊達《だて》者《しゃ》」といいました。その伊達者の代表というと、鑓《やり》の名人権三《ごんざ》という人で、「鑓の権三は男でござる。油壺《あぶらつぼ》から出た様《よ》な男。」（浄瑠璃《じょうるり》・鑓の権三重帷子《かさねかたびら》）という台詞《せりふ》がよく知られています。

だては、「隠しだて」「庇《かば》ひだて」のだてとも通う、「立て」であろうと考えられます。ことさら派手に見せる態度をいう、「男達《をとこだて》」などのだてが、そこだけで用いられるようになったものでしょう。宛字《あてじ》「達《だて》」に、いつか、不読字「伊」が冠されて、熟語性を見せるようになっていったものでしょう。

一方に、仙台《せんだい》伊達《だて》藩《はん》との関連をいう説があります。江戸時代の初期、仙台伊達藩の一行が上洛《じょうらく》しますと、派手な服装で行列していくものですから、注目を浴びました。あれが伊達衆か、と、噂《うわさ》されました。それが広まっていったのだ、というのです。

しかし、この「伊達」という言葉、中世末から、つまり室町時代から、早くも用いられていたようです。そうすると、伊達氏が興る以前からということになります。それでは、言葉が先にあることになって、起源としての独眼竜《どくがんりゅう》伊達政宗《まさむね》のほうが遅れて現れることになりましょう。そういうわけで、伊達藩との関連をいう説には従えません。

現代語としては、「胸のバッジは伊達ではない。」とか、「伊達な若い衆を見かけた。」とか、そういう「に」や「な」を付けていいます。言い切りが「伊達だ」となる、形容動詞ということになりましょう。

七夕（たなばた）

「七夕《たなばた》」というと、一般には笹竹《ささだけ》に歌や文字を書いた短冊《たんざく》を結びつけて飾る、あの行事ということになりましょう。ただ、地方によっては、陰暦の七月七日に当たる日、あるいは月遅れの八月の七日に、川に棚をしつらえて農作物の初物を供えるなど、そういう行事をするところもあるようです。

そもそもは、陰暦の七月七日の夜、天帝の許しで牽牛《けんぎゅう》と織女が一年に一度会うという中国の伝説と、女子が技芸の上達を祈る乞巧奠《きこうでん》の風習とが、日本固有の棚機津女《たなばたつめ》信仰と習合し、奈良《なら》時代以来、日本の伝統行事となったものです。その棚機津女とは、機織りの女性ということで、機織りの道具が見えてきましょう。

その機織りの道具や作業を意味する棚機が、七月七日の夜、つまり七夕に行われる行事としてその日に結びついたものですから、その行事の名称をいうのに、行われる日を表す文字に当ててしまった、ということでしょう。ただ、そのように定着する時期については、特定することが難しいようです。

山上憶良《やまのうえのおくら》の七夕歌十二首をはじめとして、『万葉集』や、また漢詩集の『懐風藻』などには、その「七夕」の文字が見られはしますが、シチセキなのかたなばたなのか、判然としません。下って、『節用集』の類を見ましても、『黒本本』『天正本』『饅頭屋《まんじゅうや》本』とも、「織女《タナバタ》」に限って、他の表記を引いていません。『易林《えきりん》本』だけが、「七夕《タナバタ》」「織女《タナハタ》」と、二項立てているような状況です。

八つぁんだか熊《くま》さんだか、借りた物を返しに来た。あいにくと不在で、「七に置いたよ。」とメモして帰った。貸し主は「質に置くとは。」と怒った。あの落語、大変な勉強になります。棚の上に、その返却物が置いてあったこと、いうまでもありません。

足袋（たび）

「手袋」はそのまま「てぶくろ」と読むのに、「足袋」はどうして「たび」と読まれるのか、そう問われると、説明に窮します。その「足袋《たび》」、今では、和服でなければ、まず履《は》くことはないでしょう。平生は、ほとんどの人が、靴下《くつした》でしょう。

ところで、奈良《なら》時代・平安時代の人は、沓《くつ》を履くための襪《しとうず》というものを付けていました。歴史的仮名遣いで書くと、したうづで、したぐつ（下沓）のウ音便化したものです。沓《くつ》の下に付けるからそういったもので、現代の靴下と同じことなのですが、複合語の語序が逆さだったのです。

その材料は、鹿皮《しかがわ》・猿《さる》皮・熊《くま》皮などでした。そこで、皮でつくったものであるところから、「単皮《たんび》」、あるいは「蹈皮《たふび》」といわれるようになったものと見られます。古辞書に「単皮履… 名づけて多鼻《たび》と曰《い》ふ、単皮二字を用ゐるべきか」（和名抄・四）とありまして、既に、「多鼻」といっていて、文字としては、「単皮」かといっているわけです。ただ、下ると、『節用集』の類などは、「単皮」のほかに「蹈皮」の表記を掲げたり、あるいは、その「蹈皮」だけを示したりもしています。成立は、「蹈」字の音をトウと読んでしまわない以前、ということになります。

足袋というと、木綿や絹と思いますが、それは、あの鎖国令によって皮革の輸入が禁止された結果と聞いています。布地でつくられるようになっても、名称は、「単皮」か「蹈皮」かはともかく、そのたびという読みが残ったという次第です。

「足袋」という表記は、「したうづ」を「足袋《あしぶくろ》」ともいっていた、それを採用する結果になったものといえましょう。

蒲公英（たんぽぽ）

春に黄色い花をつける「蒲公英《たんぽぽ》」、やがて、白色の冠毛の実となって飛んでいきます。日当たりのよい山野や路傍に見かけるその風情は、見る者の心を和めてくれます。

最近は、日本種以上に、外来種のほうが多くなっているそうです。古くは、「ふちな」とか「たな」とか呼んでいた野草ですが、中世のある時期からは、たんぽぽという呼称が広く行われて現在に至っています。その旧称、「蒲公草… 和名不知名《ふちな》 一に云《い》ふ、太奈《たな》」（和名抄・二〇）や「蒲公草 フチナ タナ」（類聚名義抄《るいじゅみょうぎしょう》・僧上）などと認められます。

そこで、そのたんぽぽという呼称、「蒲公草 タンポポ」（文明本節用集）や「Tanpopo：この名で呼ばれるあの草」（日葡《にっぽ》辞書）などから見られます。その語源には諸説あって、そのいくつかは、たんぽぽのほほを、花の後の綿毛がほほける、その「ほほ」だとしています。

しかし、その草を、鼓草《つづみぐさ》という地方もあるのです。そこで、鼓の音に擬《なぞら》えた、庶民の、しかも幼児語かとも考えられています。従いたいと思います。「たんほほはわらひ手のうつ鞁《つづみ》かな」（誹諧《はいかい》・野《や》犴《かん》集）は、その鼓の音を笑い声と重ねたものでしょう。

その漢字「蒲公英」は、古くは「蒲公草」でした。その後、その「草」が「英」に書き換えられました。「英」は、はなぶさということで、その植物の焦点をこちらに移したということでしょう。

ただ、その「蒲公」の部分が何を意味するかは、その熟語をもたらした中国においても、なお不明なようです。『本草』といわれる植物関係の書物を見ても、はっきりしません。漢方《かんぽう》では、開花前の若菜を摘んで乾燥させた、その薬品を、「蒲《ほ》公《こう》英《えい》」と呼んでいます。

稚児（ちご）

神社や寺の祭礼に、美しく装って練り歩く稚児《ちご》行列、今でも、まだ、見ることがあります。現代に残るちごという言葉は、この稚児行列の稚児だけでしょう。練り歩くだけでなく、舞を舞う祭礼行事のところもあって、稚児舞いといいます。鼻の上に白粉《おしろい》をくっきりと際立たせた、あの子どもたちの顔が、実に印象的です。

そのちご、中世には、とりわけて寺院で、僧たちの男色の対象となる少年をもさしていったことがありました。公家でも、武家でも、そういう関係の少年を召し使っていたようで、織田信長《おだのぶなが》に仕えた森蘭丸《もりらんまる》なども、そういわれたりすることがあります。

しかし、それが、中古の文学作品には、極めて一般的に、乳児をいったり、小児をいったりする際に、実にたびたび用いられています。「ちごなくなりたる産屋。」（枕草子《まくらのそうし》・三三）は乳児をいう例であり、「うつくしきちごの苺《いちご》など食ひたる。」（同・三九）は小児をいう例です。

もともと、ちごは、「乳子《ちご》」でした。「乳《ち》」は、今の乳《ちち》で、古くはちだったのです。「乳飲み子」「乳離れ」の「乳」です。それが、小児を意味するようになり、男色の少年までをいうようになり、さらには、祭礼行事の童児もまた、そう呼ばれて現在に至っているわけです。

「乳子《ちご》」を、中国ふうに「赤子… 和名知子」（和名抄・六）とすることはあっても、「児 チコ」（色葉字類抄）以降、中世に至っても、辞書は、多く、「児」一字を掲げて、そう読ませています。「稚児」は、ずっと後世の表記です。その「稚」が音チであるところからも、ちごといわせるために冠したように思えてなりません。

手斧（ちょうな）

斧《おの》で削った後を平らにするために使う、鍬《くわ》形の刃物を、「手斧《ちょうな》」といいます。ただ、最近の大工さんは、こういう素朴な道具は、あまり使わなく、いや、使えなくなってきているようにも思えます。この言葉に当てる漢字から見て、「手《て》斧《おの》」が変化したものかと、直ちに感じとれましょう。歴史的仮名遣いはてをので、そのてをがてうとなり、現代仮名遣いで、ちょうとなったものです。

古く、「薪伐《たきぎこ》り殆《ほとほと》しくに手《て》斧《をの》取らえき」（万葉集・一四〇三）と詠まれています。薪を伐って見つかってしまい、ほとんど手斧を取られるところだったというのです。辞書にも、「釿…手《て》乎《を》乃《の》」（和名抄・一五）とあります。そして、下って『節用集』の類、近世の『書言字考節用集』までも、なお、「手《て》斧《をの》」であって、「手斧《ちょうな》」ではないのです。

ところが、それが、別の近世の方言辞書を見たとき、「釿　てをの　関西にて、てうな　大坂《おほさか》にて、ちょんのと云《いふ》」（物類称呼）とあったのです。規範性を有する国語辞書にはうかがえない、発音の崩れが見えてくるものといえましょう。そして、「Chōna:テウナ　釿」（和英語林集成〈再版〉）を見たとき、実際の発音と、仮名表記との間にも、また、ずれのあることが確かめられてきましょう。てうなと書いても、発音はChōnaだったのです。

実は、そのてうなは、いま、ちょうなの歴史的仮名遣いとして位置づけられています。てをのが転じたてうなというわけです。「鑿《のみ》手斧《てうな》をもつては源太様にだとて誰《だれ》にだとて…万が一にも後れを取るやうなことは必ず必ず無い。」（幸田露《こうだろ》伴《はん》『五重塔』）の、その部分の朗読は、当然、ちょうなでなければなりません。

縮緬（ちりめん）

横糸に縒《よ》りの強い生糸《きいと》を使って、縒りが戻るのを利用して縮ませた、細かなしわのある絹織物、それが、「縮緬《ちりめん》」です。衣服、帯地、また裏地に用いられましたが、最近でも時に目にするのは、縮緬の風呂敷《ふろしき》ぐらいとなりましたでしょうか。

日本工業の歴史のうえでは、この縮緬、天正年間に、大坂堺《おおさかさかい》に住む職工がたまたま渡来した明《みん》の人から製法を習い、織り始めたもの、とされています。その後、京都の西陣において、いっそうの研究改良が加えられていったようで、江戸時代には、多様な種類の縮緬が織り出されてきたと見ていいようです。

それにしても、その「縮緬」の「縮《ちり》」、どうしてそう読まれるのでしょうか。「緬」は、細糸を意味し、現代中国語音miánですから、これは、その明の人などから聞いた言葉と見てもよいでしょう。とにかく、中国語です。しかし、「縮」はsuōですから、どう見ても、外来音とは考えられません。

この言葉については、本居宣長《もとおりのりなが》も、その随筆『玉勝間《たまかつま》』の中で、「しじ緬」か「ちぢ緬」かの訛《なま》りであろう、としています。しじは、「しじむ」という動詞の語幹です。ちぢも、「ちぢむ」という動詞の語幹です。ともに、「縮」という漢字が当たります。

「しじむ」の連用形が名詞化したのが、「蜆《しじみ》」でしょう。「ちぢむ」の連用形が名詞化したのが、「縮《ちぢ》み織《お》り」の「縮み」でしょう。「縮み織り」は、「縮緬」に先立つ、同趣の織物と見てよいようです。そこで、「縮み緬」とでもいった、それが、変化したものと考えられてきましょう。

一日（ついたち）

今では、月の最初の一日《いちにち》だけを「一日《ついたち》」といいますが、昔は、そういう意味でも使いましたし、もう少し幅の広い意味でも使いました。また、逆に、いっそう限定して、正月の一日、いわゆる元旦だけをいうこともありました。「三月《やよひ》のついたちに出《い》で来たる巳《み》の日」（源氏物語・須磨《すま》）は、その幅の広い意味といった、月の初めという意味で用いられている例です。また、「『ついたちの御装ひ』とてわざと侍《はべ》るめるを」（源氏物語・末摘花《すえつむはな》）は、元日を意味している例です。

ついたちの本来の意味は、最初の一日だけとか、その後の数日を含めるとか、そういうことではなく、とにかく月の初めということなのです。太陰暦の時代は、その太陰、つまり月が新月として現れる日から、その一か月が始まりました。その新月が現れることを、「月立つ」といいました。それを名詞化させた「月立ち」、そのつきたちのイ音便化したものがついたちだったのです。ですから、月の初めを意味して当然です。

もちろん、その月の第一日も、ついたちです。しかし、その後の何日かを含めていうこともあったのです。ですから、古典文における漢字表記としては、「朔」や「朔日」が当てられます。現代にあっては、そのついたちが各月の第一日をしか意味しなくなったので、「一日」と書くようになってきたのです。

古典語ついたちの反対語は、「つごもり」でした。「月籠《つきごも》り」が変化したものです。こちらは、「晦日《みそか》」に取って代わられました。

古く、ついたちに当てた「朔」、あの萩原朔太郎《はぎわらさくたろう》の「朔」です。明治十九年十一月一日生まれの太郎、一日生まれの長男なのでした。

築山（つきやま）

「築山《つきやま》」があるお庭などというのは、何々御殿と呼ばれる和風豪邸か、超高級の和風宴席場か、そういう所でないと、容易に見ることができないでしょう。それだけに、その眺めに格別な優雅さが感じられることにもなるのでしょう。

その築山、石や土砂を盛り上げて山に見立てて築いたもので、いうならば、人工の山です。平安時代の貴族の住宅といえば、それは寝殿造りですが、そこに設けられた山は中島といわれて、築山とは呼ばれていません。「天神の築山は、松の姿を今のながめに見る。」（海道記・蒲原より木瀬川）とある中世の紀行文が、初出かと見られています。その後、二世紀ほど経ると、「築山 ツキヤマ」（文明本節用集）というように、通俗辞典にも登載されています。

現代人にとって、この「築山」、「築」をどうしてつきと読むのか、気になりましょう。「きずき」ならわかるが、ということです。「きずく」という動詞が、現在の意味になる以前は、「つく」という動詞が、その意味を担っていたのです。そして、「きずく」は、歴史的仮名遣い「きづく」で、本来は、「城《き》築《づ》く」、つまり、城を築くという意味だったのです。それが、いつか、単に突き固めて造る意を受け持つようになってゆき、「つく」そのものは消えていってしまったのです。

つきと読む「築」というと、地名の「築地《つきじ》」が挙げられます。今では古典語として扱われましょうか、「築地塀《ついじべい》」の「築地」、歴史的仮名遣いは「築地《ついぢ》」、そのついは、「築地《つきぢ》」のきがイ音便化したものなのです。

姓として残っている築島《つきしま》さん、都築《つづき》さん、それらの「築」も、同じものでした。

土筆（つくし）

スギナの地下茎から出た、胞子《ほうし》のついた筆形の茎、それを「土筆《つくし》」といいます。春さき、土手などに生えます。その親ともいえるスギナは、茎が針金のように細く、葉が退化して節ごとに枝が輪生しています。そこで、杉のような菜、杉菜と呼ばれるわけです。そこから、頭をもたげた土筆は、土から出た筆「土出筆《つくし》」とも、また、「筆頭《つく》菜《し》」とも書かれます。

この植物が、この国土にいつごろから存在するのか、原産なのか外来産なのか、そういうことはわかりません。ただ、その名称は、近世も下ってからになりましょうか。そして、その前身は、つくつくし、あるいはつくづくしでした。

そのつくつくしは、「蕨《わらび》・つくつくし、をかしき籠《こ》に入れて」（源氏物語・早蕨《さわらび》）というように、中古にも見られます。少し下りますが、「天花菜　ツクヅクシ」（易林《えきりん》本節用集）とか、「Tçucuzzucuxi:二月に生える、日本のペン（筆）に似たある草」（日葡《にっぽ》辞書）とか、そのようにも登載されていました。しかし、つくしはまだ現れません。

近世の方言辞書に、「土筆　つく〱し　東国にてつくしともいふ　これ略語なり　作州にてほうしといふ」（物類称呼）とありました。したがって、標準的な言い方は、なお、つくつくしだったということです。東国から始まったつくしが、今は共通語になっているというわけです。蟬《せみ》の名でもあるつくつく法師で、この植物をいうこともあるようです。岡山県のあたりでは、その略称もあったのでしょうか。

つくつくしは、「突く」を重ねて突出の意を表したものと見る理解がよいようです。略語つくしは、つくしんぼという愛称的な言葉を、その後、生みました。

美人局（つつもたせ）

いずれにしても、「美人局《つつもたせ》」などという行為そのものがない世の中であってほしいと思います。女が自分の夫や情夫と共謀して、他の男を誘い、あわや、というときに、その夫なり情夫なりが現れて、それを種に言いがかりをつけて、その鼻の下の長い男から金銭をゆすり取る、恐ろしい手口の犯罪です。

このつつもたせ、そういう漢字を当てる以前の用法があって、「筒持たせ」の意であったかと見られています。贋物《にせもの》をつかませてする詐欺の類について、そういったようです。博徒の隠語だったともいわれています。すると、その「筒」は、贋物をいうのに用いたことになりましょうか。

そのいんちきなところが通うと見てか、その後は、もっぱら「美人局」の字が当たるつつもたせとなっていったようです。江戸時代の風俗百科事典として知られる『嬉遊笑覧《きゆうしょうらん》』には、その美人局としてのつつもたせが取り立てられています。相応に注目したい言葉だったのでしょう。

主人の愛妾《あいしょう》お弓との仲が露見して、主人を斬って逐電した市九郎、後には青の洞門《どうもん》を切り開く了海ですが、「男女の組み合はせとしては、最も為《な》し易い美人局を稼業とした。」（菊池寛《きくちかん》『恩讐《おんしゅう》の彼方《かなた》に』）こともありました。そういうドラマには、よく現れる男女の生業《なりわい》です。

その「美人局《ビジンキョク》」は、中国の元の時代、娼妓《しょうぎ》を妻妾《さいしょう》と偽って少年などを誘い欺いた、それを美人局といったという『武林旧事』にある記事に従って、それをつつもたせに当てたものです。「局」はつぼねと読んで、部屋を意味します。さぞかし、妖《あや》しげなムード漂う部屋だったでしょう。

九十九折り（つづらおり）

うねうねと折れ曲がって続く坂道が、「九十九《つづら》折《お》り」の坂道です。「道がつづら折りになつて、いよいよ天城峠《あまぎたうげ》に近づいたと思ふ頃《ころ》」（川端康成《かわばたやすなり》『伊豆《いず》の踊子《おどりこ》』）のように、そんな有名作品の冒頭にも用いられています。

この言葉、古くは、「九折」と書かれています。「九折なる細道に、五百余騎の敵を相受けて、半時ばかりぞ支へたる。」（太平記・吉野の城軍《しろいくさ》の事）とあったりする例が、それです。「九折　ツヅラヲリ　坂也」（色葉字類抄）とありました。「互折　ツヅラヲリ」（類聚名義抄《るいじゅみょうぎしょう》・仏下本）などとも見えます。幾つも折れ曲がっている坂、また、交互に折れ曲がっている坂と見て、そう書いたものでしょう。状況認識の違いが文字に現れたといえます。

この「つづら」は、植物の葛《つづら》なのです。葛藤《つづらふじ》などという、丈夫な蔓《つる》性の植物のことです。そこで、折れ曲がって続く坂道を、そう呼んだのでしょう。中古から、「鞍馬《くらま》のつづらをりといふ道。」（枕草子《まくらのそうし》・一六六）などとあって、そこでは、近くて遠いものの一つとして挙げられています。

「九十九折り」という表記、意外なほど新しいのです。千葉県の東海岸の九十九里浜、実際の里程ともいわれますが、とにかく里程の多さをいいます。百から一を引くと白、そこで白髪《しらが》をいう九十九髪《つくもがみ》、ちょっと事情が違いましょうか。しかし、それらも、何らかの背景をなしていましょうか。とにかく、この表記、ちょっと古くなると、もう見られないのです。

「九十九折り」よりも、ある時期までは、「羊腸《つづらおり》」でした。この表記、昭和三十年代に入ってから行われるようになったといえます。『当用漢字　送りがな　筆順　例解辞典』（昭和三十九年刊・白石大二編・帝国地方行政学会）が、「つづら折り（葛折り：九十九折り（あて字））」としていました。苦（九）と苦（九）とが重（十）なる坂道だから、と思って宛てたかどうかはわかりません。

旋毛（つむじ）

男の子が坊主頭であったころには、その旋毛《つむじ》が右巻きであるか左巻きであるか、よく話題にされたものでした。頭頂の、その毛がうず巻きのように生えている所、そこが「旋毛」です。その旋毛は、どんなにしても曲げることはできませんのに、「旋毛を曲げる」という慣用句があります。わざと反対する態度をいいますが、とても変えられそうもない、そのうず巻く方向を変えるということでもあるのでしょうか。

「廻毛…一に旋毛と云《い》ふ　都《つ》无《む》之《じ》」（和名抄・二）とありますように、「廻毛」とも書きました。その同じ辞書に「飆…和名豆《つ》無《む》之《じ》加《か》世《ぜ》」（和名抄・一）とあって、そのつむじかぜも、単につむじというように、同じ発音の言葉として存在しています。

頭頂のつむじも、風のつむじも、実は、同語源の言葉でした。むしろ、「旋風《つむじ》」が先で、旋毛《つむじ》は、そのうず巻いて吹く旋風のように、毛がうず巻いている頭頂をもいうようになったものでしょう。「み雪降る冬の林に飃《つむじ》かもい巻き渡ると」（万葉集・一九九）に見るつむじは、風のつむじです。頭頂のつむじを意識してか、「倏《たちま》ちに猛風《つむじかぜ》来《きた》りて」（日本霊異記・上）のように、つむじかぜというようにもなっていきました。

旋風《つむじ》のつむは、ぐるぐる回る意を表すもののようです。紡錘《ぼうすい》をいうつむ、その動詞化した「つむぐ」などと関係すると見られましょう。そして、旋風《つむじ》のじはしで、嵐《あらし》のしと同じです。風を意味したものといえましょう。ぐるぐる回って吹く風、それが旋風《つむじ》です。

風のつむじは、もはや全く用いられません。つむじかぜもあまりは用いられないでしょう。代わって、竜巻《たつまき》というようになってきているようです。竜巻は、近世からの言葉です。

梅雨（つゆ）

夏至《げし》を中心とした前後の、二十日ほどずつの、併せて一か月余の雨期、これを「梅雨《つゆ》」といいます。「梅雨の入り」「梅雨明け」、また、「梅雨寒《ざむ》」「梅雨空《ぞら》」「梅雨晴れ」など、熟した言葉もたくさんあります。年によっては、「空《から》梅雨」ということもありましょうし、本来は別の、単に長雨をいうために借り用いた「菜種《なたね》梅雨」までがあります。

その時季をつゆということについては、感覚的にも、「露」と関係あるかに感じられてきましょう。古典語に「露けし」と形容詞があるところから、露けき時節だからと説明したりするものも多いでしょう。その一方で、この時季には物がしめりくさるから、「潰《つひ》ゆ」という動詞がもとである、といったりする見方もあります。

そのつゆ、中古には、さみだれといっていて、まだつゆとはいっていなかったようです。「さみだれ」は、『古今集』の和歌や『源氏物語』にも現れる言葉です。「さみだる」という動詞と対応する、その名詞形です。そのさみだれが、いつか、つゆに取って代わられたと見てよいようです。

「梅雨」と書くのは、梅の実が熟する季節に降る雨だからでしょう。ただ、その音バイウは、「黴雨」とも書け、物に黴《かび》が生えやすいからともいわれるのです。ただ、「梅雨　バイウ　四五月の雨を云《い》ふ」（天正本節用集）などからも、やはり「梅雨」であってほしいように思います。

その「梅雨」につゆが結びつくのは、さらに下ってからでしょう。あるいは、俳諧《はいかい》の世界で歓迎された言葉だったのでしょうか。「此《こ》の月淫雨ふる　これを梅雨《つゆ》と名づく」（日本歳時記・四・五月）とあります。

氷柱（つらら）

いま一般に「氷柱《つらら》」というと、したたり落ちる水の滴《しずく》が途中で凍って、棒のように垂れ下がったもののことです。それを、古くは、「垂氷《たるひ》」といいました。「垂る」という動詞の連体形の「垂る」、それは、今の「垂れる」の先祖の「垂る」とは違って、「垂らズ」「垂りテ」などのように活用した四段活用「垂る」の、その名詞に連なる形です。それに、氷のことをいった名詞「氷《ひ》」が付いて一語化した言葉です。その「垂氷」が、いつか、氷柱《つらら》という言葉に移って、今日に至っているのです。

ところが、そのつららは、古く、単に、氷を意味していました。「朝日さす軒のたるひはとけながらなどかつららのむすぼほるらむ」（源氏物語・末摘花）という歌、朝日のさす軒のつららは溶けているのに、どうしてあなたのお気持ちは氷のように堅く張っているのでしょうか、という意味です。その「つらら」は氷、「たるひ」が氷柱です。『大言海』は、同じつららでも、「氷」と、「氷柱」と、二つ漢字表記を掲げ、別見出しとしています。そして、氷柱のつららについては、誤用であるとしています。本来は、氷が「つらつら（滑々）」と張り詰めたさまをいう擬態語だったでしょう。それが約音化して名詞化したものが、本来のつららです。

それが、いつか。「Tçurara：凍りてしただる水」（羅《ら》葡《ほ》日《にち》辞書）のように、氷柱をいうようになってきたのです。ただ、「氷柱」という漢字表記以前に、「[illegible] ツララ」（文明本節用集）や「涙が小皺《こじわ》へ溜《た》まつて雪柱《つらら》になるのス。」（浮世床《うきよどこ》・二上）などが、随時行われてもいたようです。漢語「氷柱《ヒヨウチユウ》」は確かに存在しますが、むしろ、それを意識しない和製漢熟語のように思われます。

徒然（つれづれ）

『徒然草《つれづれぐさ》』という書名は、序段の「つれづれなるままに」のつれづれに、綴《と》じ本を意味する草子の「草」を訓読みして付けたものでしょう。することもなく、手持ちぶさたで退屈な感じをいうといってよく、今でも、「旅のつれづれを慰める。」などといいます。

『徒然草』よりも、さらに古い時代の「つれづれ」という名詞、また「つれづれなり」という形容動詞は、長雨などが続いている、そういう場面の描写には、必ず現れる言葉でした。『枕草子《まくらのそうし》』や『源氏物語』にも、たくさん用いられています。

そのような倦《けん》怠《たい》感や孤独感に覆われた重く暗い心境、無駄に時間が過ぎていく、そんな様子をいう言葉ですから、「徒然」という漢字で、これを示したのでしょう。「徒」は、何もしない、無駄である、という意味を表します。そのような、役に立たない意を表す「徒」については、「徒食」「徒労」などの熟語からも見えてきましょう。「然」は、「突然」「平然」などの「然」で、様子を意味します。

つれづれそのものは、「連《つ》る」という動詞の連用形の「連れ」を二つ重ねたものです。その結果、下のつれが、づれというように連濁したものです。それによって、環境が変化に乏しく単調であることを表す言葉としたのです。既に紹介したように、名詞としても形容動詞としても、そして、「つれづれと」という副詞としても用いられました。

「徒然」の表記と結びついたのは、「徒然　ツレ〱ナリ」（類聚名義抄《るいじゅみょうぎしょう》・仏上）とあるのですから、それより古いということになります。そして、中世には、「旅の徒《と》然《ぜん》をも慰み給《たま》へかし。」（源平盛衰記《じょうすいき》・維盛北方《これもりきたのかた》嘆き…の事）というように、音読して用いられることもありました。

悪阻（つわり）

妊娠の初期に起こる、吐き気や食欲不振、そういう症状を、「悪阻《つわり》」といいます。この言葉を聞くと、映画などで、若い女性が妊娠していることに気づく場面、手洗いに駆け込んだりするしぐさが見えてきましょう。実際の症状はもっと多様なものでしょうが、それとわかるように、ああいうしぐさの場面を設けるのでしょう。とにかく、妊娠女性にとっては、通過しなければならない一時期です。

この症状、一つの生理現象ですから、それに相当する言葉は、人類存在の、その原始からあって当然でしょう。日本語としては、この症状、上代から、このつわり、歴史的仮名遣いでつはりを、ずっと用いてきているといってよいようです。ただ、それに当てる漢字は多様でした。「腜…豆波利乃《つはりの》止支《とき》」（新撰字鏡《しんせんじきょう》）も「択食…和名豆波利」（和名抄・三）も、そのつはりを紹介しているのですが、「腜」と「択食」とでは、意味する焦点は相当に開きます。「腜《バイ》」は身ごもりの兆しということで、素直な漢字の当て方です。それに対して、「択食」は食べ物のえり好みをするということで、こちらは、症状をいっていることになりましょう。

そのつはりそのものは、本来は芽ぶく意の「つはる」という動詞の連用形つはりが名詞化したものです。もちろん、「つはる」も早くから悪阻《つわり》を起こす意を派生していますから、そこからの名詞化と見てよいでしょう。

そのつはりに「悪阻」を当てるのは、食欲不振を意味する漢語「悪阻《オソ》」を採用したものです。その「悪阻」は、歴史的仮名遣いヲソで、つわりの症状をもいったようです。現代中国語では「孕吐《ヨウト》」というそうです。

玉蜀黍（とうもろこし）

人の背丈よりも高く、夏、筒形《つつがた》の軸に黄色い実がぎっしりとつく植物というと、それは「玉蜀黍《とうもろこし》」です。とうきびとも、また、アメリカから来た英語でコーンともいいます。とうは歴史的仮名遣いたう、唐ということです。もろこしは「諸越《もろこ》し」で、諸物が渡来することから、これも唐土をいった言葉です。すると、この植物、「唐」と「唐土」とから成ることになりそうです。

この植物、アメリカ産で、日本には中国を経て入ってきました。それを、黍《きび》の一種と見て、「唐土黍《もろこしきび》」といったもののようです。外来の黍だからです。それが、いつか、下略されて、単にもろこしともいいました。ただ、唐土を意味するそれとは違うので、「蜀黍」とか「唐黍」とか書いて、そう呼びました。「蜀《ショク》」は四川省周辺の地域名として表したものでしょうか、とにかく「蜀黍《ショクショ》」という漢語が存在します。それを採用したのでしょうか。

この植物、近世の方言辞書が、「蜀黍　たうきび　東国にて、もろこしと云《いふ》。中国にて、きみ。伊予《いよ》にて、たかきび」（物類称呼）と紹介します。その「蜀黍」に、さらに「唐《タウ》」を加えたのが、このたうもろこしという呼び名でした。そして、表記としては、その実の形を示そうとしたものか、「玉」を冠することとなったようです。

その「玉蜀黍《とうもろこし》」、「玉蜀黍　タマキビ　タウモロコシ　一名玉高粱《ぎよくかうりやう》。俗に、南蛮黍と云《い》ふ」（書言字考節用集）などから、いろいろある名称のうち、早くもそれが、代表的な呼称となろうとしていたことがうかがえましょう。現在もいろいろありますが、やはりこの呼び方が、標準となっているようです。

朱鷺（とき）

鷺《さぎ》に似ていて脚《あし》が短く、嘴《くちばし》が下方に曲がっている鳥、といったらいいでしょうか、それが、「朱鷺《とき》」です。いや、顔と脚が赤い、といわなければならないでしょう。だから、「朱鷺」と書かれるのです。体は白色ですが、翼はやや紅色、嘴は黒です。その朱鷺、特別天然記念物ですが、今はもう、佐渡だけに、いるとか絶えたとか、そんな状態でした。幸い、近年は人工繁殖によって、かなりの数が回復してきています。保護と繁殖状況とが課題となっている特別天然記念物です。

その朱鷺を一字の漢字で、「鴾《ホウ》」とも書きます。この字は、中国では野雁《のがん》を意味し、ときを意味させるのは、日本でだけの用法です。姓氏として、「鴾田《ときた》」さんという方など、こちらの字です。

その朱鷺の呼び方ですが、古くは、ときではなく、つきでした。つきからときへと、「つ」の母音ウがオに、その後、移ったということです。「鴾…鵊 二字豆支 一に太宇と云《い》ふ」（新撰字鏡《しんせんじきょう》）とありまして、「鴾」や「鵊」という漢字をつきと読むとしています。また、「鳭…和名豆木」（和名抄・一八）ともありまして、「鳭」という字を、そう読ませてもいます。いずれも、古くは、そのようにつきでした。なお、『新撰字鏡』の「太宇」は、「鳭《とう》」という別名で、古い仮名遣いでのたうです。

ところが、近世に入ると、一冊の辞書の中に、「[illegible] ツキ　紅鶴 同　朱鷺 同　鴾 同　桃花鳥 同」（書言字考節用集）だけでなく、「鴾 トキ　朱鷺 同」（同）とも、掲げてくれてあったのです。そのようにして、そのころ以降、大方が、ときと呼ぶようになってきたと考えられます。

その「桃花鳥」という表記、もちろん、古い時代の訓《よ》みはつきでしたが、それが上代にあったのです。「神渟名川耳《かむぬなかはみみ》の天皇《すめらみこと》を倭《やまと》の桃花鳥田《つきた》の丘《をか》の上の陵《みささぎ》に葬《はふ》りまつる。」（日本書紀・安寧元年十月）です。これは地名の「桃花鳥田《つきた》」ですが、その鳥を「桃花鳥」とも書いていたことになります。

読経（どきょう）

『常用漢字表』は、この「読」という漢字に、「ドク・トク・トウ」の三つの音を掲げています。「読書」「愛読」のドク、「読本」のトク、そして、「読点」「句読」のトウです。したがって、「読経」のドは、「読経」という言葉がきわめて一般的なものであるにもかかわらず、難読扱いされることとなるようです。

声をあげて経文を読む場合については、この読経という言葉を用いていってきました。「すこしねぶたげなる読経のたえだえすごく聞こゆるなど」（源氏物語・若紫）などからも、それは直ちにうかがえましょう。そして、「読経」は、そんなに古くから、いやもっと古くから存在していたのです。

もちろん、「経」の部分の発音は変わりました。歴史的仮名遣いではキャウですから、現代よりも口の開け方が大きかったということでしょう。それが、中世末のころから、今のキョウへと近づいてきたのです。

では、「読」は、ずっとドであって、変化などなかったのでしょうか。「経」がキャウと発音された終わりのころに、「Docqiŏ：経を読む、つまり経を使って祈ること」（日葡《にっぽ》辞書）というローマ字資料を見ます。そこからは、ドッキャウであったといえます。そして、さらに、「読経　トクキャウ」（色葉字類抄）ともあったのです。

ドは、もとドクだったのです。そのクがいつか促音化して、ドッキャウとなったのです。時代的に古い『源氏物語』の中にどきやうとあるのは、促音の表記ができなかったからなのです。そのうち、その表記に引かれて、促音部分を発音しなくなった、と見られましょう。初めからドであったわけではないのです。

時計（とけい）

だれでも読める「時《と》計《けい》」ですが、どうしてそう読めるのでしょうか。「時」という漢字そのものにとという読みがあるわけではありません。第一、そのとが何を意味するのか、わかりません。「時」ととは、そのままでは、どうしても結びつきません。ですから、「時計」をとけいと読むことについては、疑問を抱いてこそ当然といえましょう。

西洋では、太陽の動きによって時間を測定する日時計から始まって、水時計・砂時計・火時計などを経て、現在の機械時計になりました。日本では、古くは、漏刻《ろうこく》と呼ばれる水時計でした。機械時計は、天文十九年（一五五〇年）、ポルトガルの宣教師による伝達とのことです。

その時計は、いまではそのように「時計」と表記しますが、「土圭」「斗計」「斗鶏」「斗影」「斗景」「辰器」など、実に多様な漢字が当てられてきていたのです。「時辰儀《じしんぎ》」とも「自鳴鐘」ともいわれました。「昼夜の枕《まくら》に響く時計の細工」（日本永代蔵・五）などと見られはしますが、「時計」という表記が有力になるのは、明治になってからでしょう。

嘉永《かえい》三年（一八五〇年）刊の『善庵随筆《ぜんあんずいひつ》』という書物は、形が斗《ます》に似て鶏《にわとり》のように朝《とき》を告げるので「斗鶏」といったのだといっていますが、あの『広辞苑』の編者新村出《しんむらいずる》は、古代中国の「土圭」という、方向・風雨・時間などの測定器具の名に由来すると見ています。『国語学叢録《こくごがくそうろく》』の中に収められている説です。

とにかく、とけいと発音する器具に当てた漢字が「時計」だったのです。成立の不明なとけいという言葉に当てた「時計」だったのです。そういう「時《と》」だったのです。

心太（ところてん）

箱筒《はこづつ》の一端に格子状の網目をとりつけ、他の一端から心太《ところてん》を入れて棒で押しますと、細いゼリーのようなものとなって出てきます。それに、辛子《からし》や青海苔《あおのり》を添えて、酢醤油《すじょうゆ》をかけて食べます。夏の日を涼しくしてくれましょう。

この「心太」、古くは、その字のとおり心太《こころぶと》といいました。「心太《こころぶと》のやうなる物生じたりければ、あやしみて鉢《はち》に入れて」（沙石集・五末）の心太《こころぶと》は食用の心太《ところてん》と見てよく、その心太《こころぶと》という名称は、さらに古く、心太《ところてん》の原料となる天草《てんぐさ》をそう呼んでいました。「大凝菜　本朝式には凝海藻《こるも》と云《い》ふ　古《こ》留《る》毛《も》は俗に心太二字を用ゐて古《こ》々《こ》呂《ろ》布《ふ》止《と》を云ふ」（和名抄・一七）からは、その心太《こころぶと》は凝海藻《こるも》の俗称ということになります。心太《ところてん》の原料の天草が凝海藻であり、「凝る」と意味の通う「心」と結びつけて、その凝海藻のことを「心太《こころぶと》」ともいったのです。「心」は「凝り凝り」が語源であるということ、これは広く知られていることでした。

心太《ところてん》の意味の心太《こころぶと》、つまり、食用の心太《こころぶと》は、心太売《こころぶとう》りが、これを売って歩きました。その心太売りが「こころぶと、こころぶと。」と売り歩くうち、いつか、「ところぶと、ところぶと。」と聞かれてしまったようです。その後、そのところと天草のてんが結びついて、ところてんと呼ばれるようになっていったようです。

呼び名はところてんとなりましたが、文字で書くときは、以前の「心太」のままでした。そこで、「心太《ところてん》」ということになったのです。

心太を食べる人も少なくなりました。そうではあっても、日本の大学が入《はい》れさえすれば卒業できるところから、「心太式の卒業生だ。」などといったりして、そういう形でなお用いています。

舎人（とねり）

「舎人《とねり》」とは、人名なのでしょうか、職名なのでしょうか。天武天皇の第五皇子、『日本書紀』の編纂《へんさん》を主宰した舎人親王の「舎人」は、人名ということになりましょうか。舎人娘子《とねりのいらつこ》などの存在からは、氏の名といったほうがよいでしょうか。

職名としての「舎人」は、一つは、天皇または皇族の近くに仕え、雑務や警護をした者の称です。令制以前からありました、その部民《べみん》の名称が令制になってからも採用され、そのような下級官人をそう呼びました。いま一つは、牛車《ぎっしゃ》の牛飼いや馬の口取りをいうときにも、この名称で呼ぶことがありました。この意味のときは、「舎人子《とねりこ》」ともいいました。

そのとねりという言葉、近時は、「殿入り」が転じたものかと見るようです。その語義と極力結びつけた「殿侍《とのはべ》り」「殿守《とのもり》」説など、いろいろありましたが、とねりという発音とは、それがまたうまく通いません。

次は、そのとねりが、漢字表記「舎人」と、どう結びついたか、です。漢籍に現れる舎人《シャジン》には、まず、周代の穀物を司る官、続いて、秦《しん》代以後の天子の侍従官、さらに、戦国時代や漢代初めに用いられた王公の雑務担当者、などなどの、用法・用例があります。そのいずれと、日本のとねりが結びついたのかは、直ちにそれと特定することはできませんが、とにかく、その古代中国語と、日本の古代語とが結びついたのです。

『万葉集』において、既に、この「舎人《とねり》」は、正訓表記として定着していました。「兵衛」を「つはものとねり」と読ませる義訓例を除いて、すべて、「舎人」なのです。それほど、よく結びついていたということです。

永遠（とわ）

「永遠《とわ》の愛を誓う。」などといいます。永久とか、その字のとおり永遠とかいう意味の、古い言い方です。歴史的仮名遣いでは、とはとなります。

古い言い方とはいっても、上代に、確かな例を見ることはありません。中古、いわゆる平安時代に至って現れますが、その用例もさして多くなく、しかも歌の中に見るのです。「風吹けばとはに浪越《なみこ》す岩なれやわが衣手の乾く時なき」（伊勢物語《いせものがたり》・一〇八）も「津の国のなには思はず山城《やましろ》のとはにあひ見む事とのみこそ」（古今集・恋四）も、ともに、とはにの形で現れます。現代では、「永遠の」のような、「の」を添えた例を見せますが、当代は、そのとはにの形をしか見せませんでした。

そのとはにに相当するものとして、上代には、とことはにがありました。そのとことははとこととはという語構成と思い込んで、そこからとはの単独用法が成立したのではないか、と見られたりしています。誤解から新語とはにが誕生したということになりましょうか。

いずれにしても、限られた用例をしか見せない古典語とはにですが、明治以後に見られて、現在もそれなりの用例を見せるのです。旧姓名鳳晶子として刊行した、その歌集に、「『あらざりき』そは後の人のつぶやきし我には永久《とは》のうつくしの夢」（与謝野晶子《よさのあきこ》『みだれ髪』）とありました。同じ歌人でも、子規《しき》門下の「馬酔木《あしび》」主宰者の、しかも、その小説の中ですが、「ほどよい所の新墓《にひはか》が民子の永久《とは》の住家《すみか》であつた。」（伊藤左千夫《いとうさちお》『野菊の墓』）ともありました。「永遠」という表記は、あるいは、近時の傾向なのでしょうか。

就中（なかんずく）

たくさんある中から、特に取り立てていうときに用いる言葉に、「就中《なかんずく》」という副詞があります。副詞ですから、今では仮名で書くのが一般的でしょう。「なかんずく優秀な作品でした。」などのように用います。それを、ちょっと古くには「就中」と書きました。

本来、この言葉は、漢文訓読の中で成立しました。「就中」を訓《よ》み下すと、「中に就く」となります。そのにが撥音化《はつおんか》すると、下の「就く」のつがづというように連濁することになります。その結果として、なかんづくとなったのです。そして、そのように、歴史的仮名遣いではなかんづくなのですが、それを現代仮名遣いに従ってなかんずくと書いてしまいますと、意味がいっそう見えなくなってしまいます。

漢文訓読語に由来しはしますが、この言葉、いわゆる訓点資料には見えないのです。一方に、平安朝の作品の中には、なかについてという形の語句が見られ、「就中 ナカニツイテ ナカムツクニ」（類《るい》聚名義抄《じゅみょうぎしょう》・仏上）ともあって、なかについてという訓みの行われていたことがわかります。また、にを添えて副詞性を認めた語形なかんづくにも現れて、そう訓まれるほうが多かったのでしょうか、「就中 ナカンツクニ」（色葉字類抄）ともありました。

なかんづくとなるのは、「Nacanzzucu：副詞。特に」（日葡《にっぽ》辞書）など、少し下ってからかもしれません。その意味、英語でいうと、above all でしょう。その訳語に、その遠くない昔まで、なかんずくが、よく用いられていたようにも思います。あるいは、この言葉、英語の訳語として学んだのが最初、という人もいましたでしょうか。

名残（なごり）

「名残《なごり》を惜しむ」といったりする「名残」、ある事が既に過ぎ去ったあと、なおその気配《けはい》や影響が残っていることをいう、その言葉は、いうならば、余韻・余情をいうわけですから、抽象的な意味合いのものといっていいでしょう。ところが、この言葉、その前身は、もっと具象的なものでした。

「名残」の前身のなごりは、一般には「余波」と書かれます。なみのこりが変化したものと見られています。浜や磯《いそ》などに打ち寄せた波が引いたあと、まだあちこちに残っている海水のことを、そのように、なみのこり、なごりといったのです。

「余波《なごり》」は、その後、風が吹いておさまったあとの波をいったりもしましたが、とにかく、具象的なものをいう言葉でした。目で見て捉《とら》えられるものをいう言葉でした。確かにそこに波が存在する、それをいう言葉でした。

抽象的な意味合いのなごりも、その歴史は古く、上代の『万葉集』などにも、その用例を見ることができます。そして、その語義を幾つも担うものとなって、現代に至っているわけです。殊に、過去となった物事を偲《しの》ぶよすがとなるものを意味したり、別れに際しての思いをいうようになってから、その抽象的な感じはいっそう強まったといえましょう。

そのなごりを「名残」と書く、その「名」は、なの音を表すだけの宛字《あてじ》です。ただ、そのように抽象的な意味を担うようになったなごりのなに、少なくとも他のなの音の漢字よりは、通うものがあったということでしょうか。明治以降でも、二葉亭四迷《ふたばていしめい》は「余残」と、森鷗外《おうがい》は「残懐」と当てています。

茄子（なす）

今では、植物としての学名の分類名称にまで用いられるナスですが、その本来の名称は、茄子《なすび》でした。「茄子《なす》」は、あくまでも略称です。夏から秋にかけて紫色の花が咲き、次々に倒卵形または球形で暗紫色の実がなる、代表的な夏野菜の一つです。

そのなすびという呼称は、古く、「茄子… 茄音荷　和名奈須比」（和名抄・一七）とありまして、その「茄子」の「茄」という漢字の音についても、注がついています。カという音だといっています。他に用いられることがない漢字ですから、その発音まで添えたのでしょう。蓮《はす》の茎をいう、その「茄」を借りて、このナスを表したのです。

辞書は、続く『色葉字類抄』『類聚名義抄《るいじゅみょうぎしょう》』『下学集』、そして、『節用集』の類、すべてがなすびとして収録していて、なすの例を見ません。なすが現れるのは、「松木よりなすの小折まゐる。」（御湯殿上日記《おゆどののうえのにっき》・文明十五年五月十五日）など、そのころから、そして何よりも、そのような女房《にょうぼう》詞《ことば》としてだったのです。

煮てもよいでしょうが、とりわけて漬物としたものを好む方が多いでしょう。秋茄子はおいしいので嫁などに食べさせるな、というのでしょうか、その「秋茄子は嫁に食わすな。」を嫁いびりの譬《たと》えと思っていましたら、秋茄子は種がないので子どもができないと困るからだ、とも聞きました。トマトが入ってきて、赤茄子《あかなす》と名づけました。唐茄子《とうなす》は、かぼちゃの別称です。浜茄子《はまなす》は、海岸の砂地に自生する落葉低木で、野菜ではありません。そして、惚《ぼ》け茄子《なす》は、間抜けな人のことでした。種類名ではありません。

その本来のなすびの語源、よくわかりません。『大言海』は、「中酢実《なかすみ》」かといいます。

雪崩（なだれ）

冬山遭難のほとんどが、「雪崩《なだれ》」でしょう。斜面に積もった雪が急に、しかも大量に崩れ落ちてくることを、そういいます。「雪」という字があるからか、土砂が崩れ落ちる場合には、「雪崩のように」と、つまり比喩《ひゆ》として用いるようです。

この言葉は、もと、動詞でした。今でも、「去年は大雪だったよ。よく雪崩てね。」（川端康成《かわばたやすなり》『雪国』）など、稀《まれ》に見ることがあります。この例、川端としては、名詞「雪崩」の動詞化であったかもしれませんが、それはともかくとして、「なだれこむ」という複合動詞がなお残るところからも、動詞の存在は確かなところです。ただ、その「なだれる」、古典語形「なだる」は、雪についてだけではなく、土砂についても、その他、人波などについてもいうものでした。

その「なだる」の連用形なだれが、この「雪崩」です。「雪頽　ナダレ」（文明本節用集）に見るように、確かに雪についていうことが多かったでしょうが、「雪なだれ」という言葉が存在するところからは、やはり、単に傾き崩れることをいったのでしょう。「人なだれ」という言葉は、比喩ではないと見たい、と思います。

下っても、「雪頽」という表記は根強く、『明治節用字典』もそうでした。広義のなだれは「傾」で、『大言海』の漢字表記もそうでした。動詞「なだる」の本義は、「西へなだれたる尾崎は平地につづきたれば」（太平記《たいへいき》・八幡《はちまん》炎上の事）などに見る、傾く意だからです。西側に傾斜している尾根の麓《ふもと》が平地になって続いていることをいっているところです。

「雪崩」は「雪頽」に代わって現れたものでしょう。昭和の終わるあたりまでで、漢字表記「傾」は、国語辞典からも消えました。

何卒（なにとぞ）

改まって相手に強く頼みこむときなどには、今でも、「何とぞ、お認めくださいますようお願い申し上げます。」といったりします。その「何とぞ」、ちょっと古くはなりましょうが、「何卒」と漢字で書いていました。漢和辞典をいくら調べても、そのとぞの読みについて触れてくれてあるものがありません。

「何とぞ」という言葉そのものは、「何とぞ、極《ごく》を一袋《いったい》わたし（＝入れ物）に入れて貸して下されい。」（狂言・止動方角）など、中世末から見られます。そう表記した例として、「文永堂《ぶんえいどう》の引立《ひきたて》に、柳川重信画《ねぎしのふで》の愛敬《あいきやう》で、何卒《なにとぞ》あたれ大当《おほあたり》。」（春色梅児誉美《しゅんしょくうめごよみ》・序）は、総ルビでもありますので、はっきりそれといえましょう。

いつごろ、どのような人たちによって始められた表記かはともかく、とぞのぞの音を表す漢字として「卒」字を採用したということでしょう。との部分は無視されてしまったわけですが、そういうことは、古く、『万葉集』の略体表記にも見られました。

ところで、その「何卒」が「して」を伴って、「何卒して」となることがあります。「なにとぞして片野から良き菊苗を手に入れたい。」（中山義秀《なかやまぎしゅう》『厚物咲』）などです。「どうぞして」といっても、同じ意味だといえましょう。その「どうぞして」を「何卒して」と表記した例が、ここに見つかりました。「私は何卒《どうぞ》して武家奉公が致したいと思ひ」（三遊亭円朝『怪談牡丹燈籠《ぼたんどうろう》』）です。「何卒《どうぞ》」だったら、とがないのですから、「卒」だけで十分です。そういうわけで、「何卒」と書いて、どうぞともなにとぞとも読まれていたことだけは確認できました。なお、その「何卒」、「卒」字を略字「卆」とした「何卆」、身近な何人かの個人の書簡に見てきています。

納屋（なや）

もはや、農家の物置小屋をいう「納屋《なや》」だけになってしまったようです。かつて、漁村では、漁具を格納しておく小屋をそう呼びました。昭和二十年代までは、網元《あみもと》に雇われて働く若者たちは、そこに寝泊まりしていました。漁業労働組合などが結成されて、そういう制度も崩壊しました。その納屋は、魚屋《なや》だともいわれています。

なやについては、「納屋」と「魚屋」と別語とすべきだとする考えがあります。仮に、それに従うとすると、「魚屋」は、魚を入れておく小屋ということでしょう。そこで、残る「納屋」は、稲《いな》屋《や》説、つまり稲屋のいが落ちたと見ることにでもなりましょうか。大勢は、魚屋が本来で、それが納屋に及んだと見ています。

いずれにしても、「納屋」は宛字《あてじ》なのです。それでは「屋」はわかりますが、どうして、なに「納」を当てたのでしょうか。

「納」の音は、『常用漢字表』に載っているものだけでも、「ノウ・ナッ・ナ・ナン・トウ」とあります。そして、ノウ以外は、すべて特殊性あるものです。ナッは「納得」の、ナは「納屋」の、ナンは「納戸」の音です。トウは、「出納《すいとう》」の項で取り上げました。

ノウは、歴史的仮名遣いで書くと、ナフです。ナッもナンも、そのナフが転じたものと見られています。促音化《そくおんか》したり、撥音化《はつおんか》したりと、大変です。

「納屋」の「納」も、ナフのナを借りて、そこに当てたものでしょう。魚屋の意味が薄れてきた、ある時期に、その物を納め入れる意味をもひそかに兼ねて、とにかく、なの音を表すものとして「納」が採用されたのでしょう。

苗代（なわしろ）

「苗代田《なわしろだ》」とわざわざいわなくても、「苗代《なわしろ》」だけで、苗を育てる水田を意味します。むしろ、そのほうが古く、「田」は、後に添えるようになったと見てよいようです。

どうしてそう見てよいかというと、その「代《しろ》」は、四方を限った一定の区域を表すからです。工作の際に必要な用語の「糊代《のりしろ》」、糊をつけるために残しておく部分です。そういうわけで、「苗代」の「代」は、それだけで田の意味を含み持っていたのです。

その苗代から、いわゆる田へと、その苗を移し植えるのが、田植えです。そのように、移し植えるのは、「苗《なえ》」です。「苗《なわ》」ではありません。歴史的仮名遣いでは「苗《なへ》」と「苗《なは》」ですが、どちらで考えても、エ段のものがア段になっていることに気づきます。

そのように、エ段の音が、複合語化する際にア段音化する例は、確かに、他にもあります。「船《ふね》」が「船乗《ふなの》り」「船酔《ふなよ》い」となったりするのが、それです。「酒《さけ》」が「酒場《さかば》」「酒盛《さかも》り」となったりするのも、また、その一類です。古典語の「篁《たかむら》」は、「竹叢《たかむら》」ということで、「竹《たけ》」が「竹《たか》」となったものなのです。

そうではあっても、「苗」については、「苗代」以外、そのようにア段音化する例を見ないのです。「苗木」「苗床」「苗取り」など、いずれも、エ段のままです。「苗」の場合は、ア段音化するのは、「苗代」に限られるのです。

鳥取県の国府町に「楠城《なわしろ》」という所があります。「苗代」とも書くそうですが、楠《くすのき》氏の居城があったところから、そう書くようです。「苗代」という地名は諸方に多いので、それも尤《もっと》もでしょう。

塗師（ぬし）

漆細工《うるしざいく》の職人さんのことを「塗師《ぬし》」といいます。「漆工《しっこう》」という言い方もしましょうが、それでは工場で働いているようで、やはり、塗師といったほうが、なぜか、腕もいいように思えてきます。そう聞くと、高級なお椀《わん》やお膳《ぜん》が見えてきましょう。

「塗」は、動詞として「ぬる」と読みます。「師」は「画師《えし》」「経師《きょうじ》」の「師」で、そういう技術者をいう接尾語です。そこで、「ぬりし」というのならわかりますが、どうしてぬしなのか、ということになりましょう。

古く、ぬりのりの音には、促音化する性質がありました。いま、「則《のっと》る」という言葉、昔は、のりとるであった、などが、その例として挙げられます。そこで、ぬりしは、ぬっしとなりました。でも、そのころは、その促音を書き表すことをしなかったのです。ぬしとしか書けなかったのです。そのうち、いつか、ぬしとなってしまった、というわけなのです。

この機会に、「師」についてもちょっと触れておきましょう。「師」は音ですから、ぬりしは訓と音とから成る複合語ということになります。「土師《はにし》」「薬師《くすりし》」など、あまりにも古くからあるのです。そこで、その「師」を、動詞「する」、古典語形「す」の連用形しと見て、「師」を宛字《あてじ》とする考えも出てきます。

しかし、そのような「す」は、動詞の連用形に付くだけでしたので、「ぬりし」には可能性があっても、名詞に連なる「はにし」「くすりし」にそれは当てはまりません。そういうわけで、和語と外来語とが結びついた混種語だったといえるでしょう。

合歓の木（ねむのき）

「合歓《ねむ》の木《き》」、山野に生え、夏、薄赤い糸を束ねたような花が咲きます。葉は細い複葉で、夜になると閉じますので、そこで、それを、眠ると見るのです。だから、「ねむ（眠）」なのです。

そういうわけで、古くは、「合歓木… 禰布利乃岐　合歓木其《そ》の葉朝舒《ひら》き暮に歛《をさ》むるものなり」（和名抄・二〇）とありますように、ねぶりのきといっていました。ずっと下って、江戸時代でも、「合歓木　ねぶりのき　京にて、ねぶりのき、中国及四国にて、ねぶのき」（物類称呼）という状況でした。もちろん、ねぶのき・ねむのきという言い方も、「合歓木 ネブノキ 睡《ネム》ノ木」（下学集）以来、相当行われていたとも見られます。

そこで、どうして「合歓」なのか、といいますと、「合歓」という熟語が、中国にあったのです。当然、一つは、喜びを共にする意でした。次いで、夫婦が共寝する意味も担いました。このねむのきをもいうようになったのは、まず、葉と葉が合して眠りますので、「合昏《ごうこん》」といったようです。そのような背景のうえに、「合歓《ごうかん》」というようになっていったと見られます。嵆康《けいこう》という人の『養生論』の中に、この木が取り上げられていることは、よく知られているところです。

芭蕉《ばしょう》は、『奥の細道』（象潟《さきがた》）の中で、「象潟や雨に西施《せいし》がねぶの花」と詠んでいます。この象潟に来て雨に煙る風景を眺めやると、合歓《ねむ》の花の雨に打たれたような、哀れなやさしさがあって、あの中国美人の西施が物思わしげに目を閉じたさまとも見える、というのです。西施は、春秋時代の越王勾践《こうせん》が呉王夫差《ふさ》に献じた美女、ために呉は滅びたといわれています。

熨斗（のし）

赤と白の紙を細長い六角形に折って、お祝いの品物などの右上につけるもの、それは「熨斗《のし》」といわれます。最近は、熨斗紙として刷り込まれていますす。その熨斗は、延ばして干した鮑《あわび》、その熨斗鮑の小さな薄片を貼り付けるのが本来でした。今は、それを、紙で代用しているのです。

四周を海で囲まれた日本では、古来、魚類を尊んで、人への贈り物には、干魚《ひうお》を紙に包んで添える風習があったようです。その一つとして、鮑の肉を長く延ばした熨斗鮑が採用されたのでしょう。そののしは、延ばす意の動詞「延《の》す」の連用形で、それが名詞化したものです。「延し」は、延命に通じ、長生不死の薬とも見られたでしょう。

その「熨斗鮑」の省略形「熨斗」以前に、「熨斗」だけの言葉がありました。しかし、それもまた、「火熨斗《ひのし》」の上略語でした。「熨斗…熨斗は衣裳《いしやう》を熨《の》す所以《ゆゑん》なり　和名乃之《のし》」（和名抄・一四）とありますように、衣類などのしわや縮みを伸ばす道具です。「熨」は、音ウツ、伸ばすこと、伸ばしたものを意味します。「斗」は、漢音トウ、慣用音ト、ひしゃくの形をしたものをいいます。「熨斗《ウツト》」という漢語があったのです。ひしゃくの形をしたアイロンです。

そこで、のし鮑は、ひしゃくの形などしていないのですから、「熨鮑」でいいはずです。その「鮑」を省略したのですから、「熨」だけでいいはずですのに、既に固定していた「熨斗」という熟字に引かれて、そう書くようになってしまったのでしょう。

「熨斗鮑　ノシ」（書言字考節用集）は、のしあはびの略で、現代語の「熨斗」に相当します。それ以前の辞書に見る「熨斗」は、いずれもアイロンのそれでした。

野点（のだて）

「のだて」という言葉には、「野立て」と「野点」とがあります。前者は、「野立ち」というように、他動詞「立てる」ではなく、自動詞「立つ」から名詞化させてもいいます。古く、貴人が旅行中駕籠《かご》などを止めて休んだことをいったようです。「其古蒲生飛驒守氏郷《それいにしへがまふひだのかみうぢさと》、此《こ》の処《ところ》に野立てせし事有るに因《よ》りて、野立石と申す。」（尾崎紅葉『金色夜《こんじきや》叉《しゃ》』）の、その「野立て」の「立て」、お供の者が、その貴人を立てるということなのでしょうか。

後者の「野点」、茶道の世界の言葉で、野外で茶をたてることです。また、「野点の茶会」などの省略形なのか、野外で行う茶会をいうこともあります。この場合の「たてる」は、「茶をたてる」の「たてる」ですので、まずは、その意味は納得できましょう。

そして、その「点」という漢字が、茶をたてるという意味を表しているのです。「点茶」という言葉もあります。漢詩文の中にもある言葉で、「来たりて点茶三昧《さんまい》手を試みん」（蘇軾《そしょく》「南屏《なんぺい》禅師を送る詩」）などが、その例です。その「点」を、日本語として、「たてる」と訓んだわけです。

「立てる」そのものは、基本的には、横の物を縦にするといったらよいでしょう。その動詞が、どうして茶の湯をする意味になるのでしょうか。抹茶《まっちゃ》に湯を入れて、茶筅《ちゃせん》でかきまぜる、その動作は、やはり縦にする一つになるのでしょうか。

「おれがしの殿は、中国一のほふしにて、日のちやをたてぬ事なし。」（虎明《とらきら》本狂言・茶壺《ちゃつぼ》）など、そのように、後の「たてる」、当代は「たつ」といっていました。「点」だけでなく、「調 タツル 調茶」（運歩色葉集）ともありました。

野良（のら）

「守株《しゅしゅ》（＝株を守る）」という中国の故事を童謡にした、あの「ある日せっせと野良稼《のらかせ》ぎ、そこへ兎《うさぎ》が跳んで出て、ころりころがる木の根っこ」（北原白秋「待ちぼうけ」）、そこに「野良稼ぎ」という言葉が出てきます。「野良着」「野良仕事」「野良猫」など、同じく、「野良」を含む複合語です。

「野良」そのものは、古く、上代から存在します。しかも、中古には、「里は荒れて人はふりにし宿なれや庭もまがきも秋の野良なる」（古今集・秋上）というように歌に詠まれているのです。少し下りますが、「Nora：すなわちノバラ（野原）。文章語」（日葡《にっぽ》辞書）ともあって、けっこう堅い感じの言葉だったようです。

その「野良」のらは、接尾語と見られています。漠然とした場所を表すと見たとき、それは、「ここら」「そちら」などのらとも通うことになりましょうか。そういうわけで、「良」という漢字の意味とは全く関係なく、らという発音を表しているだけの宛字《あてじ》なのです。

でも、「良」という漢字の音はリョウ、歴史的仮名遣いでリャウです。それも、古い時代には、直音ラウとして受けとめたのです。万葉仮名として、らの音を表すのに、そのラウのラを借りて用いました。「羅」「楽」など以上に、「良」は好んで用いられました。

その万葉仮名は、やがて草仮名を経て、今の平仮名となりました。平仮名「ら」は、「良」を字母として、そのような字形となったのです。片仮名「ラ」も、「良」の一部省画です。

「野良」の「良」は、漢字「良」の音・訓をいくら調べても出てきません。ここでは、場所を意味するらの音を表すだけのものだったのです。

海苔（のり）

「海苔《のり》」と聞いて、直ちに浮かんでくるのは、水中植物としての海藻の海苔でしょうか、干し海苔とか焼き海苔とかの、食品としての海苔でしょうか。海藻の海苔、磯《いそ》の岩肌に付着しています。波間を縫って採集するのです。「浜浦《はま》の上に多《さは》に海苔〈俗《くにひと》乃里《のり》といふ〉を乾せりき。」（常陸風土記《ひたちふどき》・信太《しだ》）からは、方言ということでしょうか。古歌に見る「なのりそ」は馬尾藻《ほんだわら》の古名で、その「なのりそ」の「のり」とする説、従えません。のりの語源は、擬態語「ぬるぬる」に通うものでしょう。「糊《のり》」も、同じでしょう。

それにしても、そんなに古くに「海苔」という表記を見て、驚きます。続く時代の辞書に、「海糸菜 乃里」（新撰字鏡《しんせんじきょう》）や「苔 ノリ」（色葉字類抄）などとあって、必ずしも一定していないからです。「苔」という漢字、呉音ダイ、漢音タイ、訓はこけです。現在の訓はこけに限られますが、古くはのりを訓とする例を、既に見ました。「苔 コケノリ ミノリ ミル」（類聚名義抄《るいじゅみょうぎしょう》・僧上）や、それに後続する「紫― スムノリ ムラサキノリ」「甘― アマノリ」（ともに同）からは、いろいろな複合名詞として存在したことがわかります。ただ、その古辞書の類には、どういうわけか、のりという単純語としての存在が認められません。

今では、川ののりは、川海苔といいます。川と海の字とがあるので、一瞬、どう読むか、戸惑わせられます。古くは、「川菜」「川菜草」といいました。

古典和歌によく詠まれ、さきほどの古辞書にも引かれていた「みる」、緑藻類の海藻です。その漢字表記は、「海松」です。くらげ、かさのような形の寒天質の海中動物、「海月」と書くのが思い出されました。いずれも、海を冠する熟字訓語でした。

祝詞（のりと）

地鎮祭や結婚式の際、神主《かんぬし》さんが読み上げる「祝詞《のりと》」、あれは、神に奏上しているのです。神事には、神に向かってそう唱えることが必要だったのです。古体の独特の文体です。

「祝詞《しゅくし》」というと、祝辞と同じことで、お祝いの言葉ということです。結婚披露宴や優勝祝賀会の席で述べられる祝辞に対して、年賀状で述べる挨拶《あいさつ》などが、その祝詞《しゅくし》です。祝詞《のりと》も、広い意味では祝賀の意味のもののも含みますが、厳密には寿詞《よごと》といって区別されます。また、祓詞《はらえことば》といわれるものもあります。一般には、それも含めて、祝詞《のりと》と呼んでいます。

祝詞《のりと》は、のりととから成る言葉です。そののりは、言うということで、「のる（告る・宣る）」という動詞の連用形です。それに、とが付いて、一語の名詞となったものです。そのと、所の意とも呪言の意ともいわれていて、定かではありません。

それを、「巫祝《ふしゅく》」など、神官を意味する「祝」字で表しました。最古の祝詞、『延喜式《えんぎしき》』所収の二十七編の祝詞、そこに「祝詞」の文字が使われているところから、このように表記されてきているのです。

「中臣《なかとみ》の太祝詞言《ふとのりとごと》ひ祓《はら》へ」（万葉集・四〇三一）という、歌の中に詠まれた「太祝詞」は、立派な祝詞の文言、ということです。万葉仮名で、「敷刀能里等其等《ふとのりとごと》」と書かれています。

そののりとのりが促音化して、やがてのっとと発音されます。「祝 ノトノット」（色葉字類抄）が、それを教えてくれます。促音を表記しない形がより古く、のとともいわれたのでしょう。それに、「祝」という字だけで、この言葉、通用していたようです。のっと、末音が長音化したのっとう、近世まで行われていました。

暖簾（のれん）

商家の軒先に屋号などを染めて垂らしてある布、それを「暖簾《のれん》」といいます。最近は、そういうお店が少なくなってきた一方、普通の住宅の中で、台所の入口などに垂らしたりもしているようです。また、暖簾そのものを垂らさなくても、「わが社の暖簾にかかわる。」などといって、会社の信用を、その言葉でいったりもしています。

おそば屋さんなどは、今でもそうでしょうが、古くは、長年勤めた店員が新しく店を出すとき、同じ屋号を名のることを、「暖簾を分ける」といいました。「二十七歳の春、店には惜しい者やけど、お前はもう一人前やと暖簾を分かたれた。」（山崎豊子《やまざきとよこ》『暖簾』）は、それをいっているところです。

その暖簾、本来は、禅家で寒さを防ぐため簾《す》の隙間《すきま》に垂らした布だったのです。やがて、日除けに使われるようにもなりました。その後、商家に移ったのです。「Norenuo caquru:垂れ幕を掛ける。または垂らす」（日葡《にっぽ》辞書）とか、「暖簾　ノレン　垂席《タレムシロ》なり」（下学集）とか、辞書も、その時代以降、ほとんどが載せています。

「暖」は、漢音ダンですが、次の時代に入ってきた唐音はノン・ノウです。そこで、「暖簾《ノンレン》」が変化したものであろうと見られてきています。山田孝雄《よしお》『国語の中に於《お》ける漢語の研究』の中などにも取り上げられています。その由来、明治二十七年十一月二日の『時事新報』が記事として解説していたとのこと、日置昌一《ひおきしょういち》『話の大事典』が教えてくれました。

そういうわけで、ノンレンまたはノウレンからノレンになったということがわかりました。すると、次には、言葉の問題だけでなく、いっそう古い戸張《とばり》や壁代《かべしろ》とどう関わってきたのか、知りたくなりましょう。

呑気だ（のんきだ）

大正七年ごろから流行した呑気節《のんきぶし》という俗謡、演歌師石田一松がみずからバイオリンで伴奏し、社会のできごとを風刺して歌った即興的な時事小唄《じじこうた》です。歌の終わりに、「はは、のんきだねえ。」という囃子詞《はやしことば》が添えられたところから、そう呼ばれました。

この言葉、中世の末から、どっと現れます。辞書も、「暖気 ノンキ 遊山なり」（文明本節用集）とか、「Nonquio suru : 気晴らしをする」（日葡辞書《にっぽ》）とか、載せてくれてあります。ただ、まだ、名詞としての用法です。『節用集』は、すべてが「暖気」です。「暖」をノンと読むのは唐音で、明《みん》から入ってきた発音です。ただ、中国にそれに該当する言葉がなく、和製漢語かと見られています。それが、「さのみ呑気だとも思ふめへ。」（人情本・春色恋廼染分解《しゅんしょくこいのそめわけ》）のようになっていきます。のんびりしている様子をいう、形容動詞に移ってきたわけです。

いま、一般に、ノンを「呑」と書くのは、訓「のむ」を借りて当てたもので、意味とは関係しません。意味のうえからは、「暢」のほうが、ふさわしく、その音はチョウですが、それで「暢気《のんき》だ」とすることもあります。尾崎一雄《おざきかずお》の短編『暢気眼鏡《めがね》』が、それでした。

とにかく、この言葉の表記は、「野外の長閑《のんき》な景色」（幸田露伴《こうだろはん》『付焼刃』）や「ノンキな田舎《いなか》」（島崎藤村《しまざきとうそん》『家』）など、あえて別の書き方をする作家もいました。何か、この言葉に対する思いがあったのでしょうか。

現行の国語辞典、多くが、【呑気・暢気】としていましょう。しかし、ちょっと溯《さかのぼ》ると、【暖気・呑気・暢気】、あるいは、【暖気・暢気・呑気】であったかと思います。

博奕（ばくち）

トランプや花札、また、賽子《さいころ》などを使って、金銭や品物を賭《か》けて勝負を争うのが、「博奕《ばくち》」です。その「博奕」という二字は、バクエキとも読まれます。漢語としては、それが、適切な読みです。「博」という漢字、ハクと読むとひろい意ですが、バクと読むとかけごとを意味します。「奕」は、うつくしい意のほか、囲碁などのかけごとのことをいいます。

ばくちは、「博打」とも書きます。「博」に「打つ」という動詞の連用形「打ち」がついて「博《ばく》打《う》ち」という名詞になり、それが、いつか、ばくちと発音されるようになったのです。上の「博」が音、下の「打ち」が訓ですから、いわゆる重箱読みの言葉なのです。

そのばくちを、漢語「博奕」を読むのにも当ててしまいました。一つには、博打《ばくち》をもっぱら職業とする人をいうのに、ばくちうちというようになったことが関わるようにも思えます。そのまま書くと、「博打《ばくち》打《うち》」となってしまいます。「物の見事な博奕《ばくち》打《うち》となる。」（談義本・華鳥百談）などを見ると、そう書くことによって、「打」という字が重なるのを避けたかに見えてきます。理由はともかく、「博打ち」からできたばくちという言葉に、「博奕《バクエキ》」という漢語の表記を当てていった、ということになりましょう。

「今日以後ながく博打《ばくち》つかまつるべからず。」（古今著聞集・一二）を見て感じますのは、巻の中の題目には「博奕」を用い、本文には「博打」を用いて、漢語と重箱読みの混種語とを使い分けているということです。「博打 ハクチ」（色葉字類抄）とあるところからは、当代は、まだばくちは、「博打」のほうが広く用いられていたようにも思えてきます。

方舟（はこぶね）

「ノアの方舟《はこぶね》」のはこぶねは、時に、そのように「方舟」と書く例を見ます。神は、堕落した人間どもを滅ぼすために大洪水を起こしました。その時、ノアだけは神から命じられて、そのはこぶねをつくり、家族や数種の動物とともに難を免れることができました。『旧約聖書』創世記に収められている洪水伝説です。ノアは、アダムの直系十代の族長で、現在の人類の祖先といわれています。

その方舟、もちろん、はこ型の舟ということですから、「箱舟」と書いてもよいわけです。原則的な表記としては、むしろ、いや、当然、その「箱舟」を採用しています。

その、ノアたちの舟は別として、そのような箱形の舟があったのでしょうか。平凡社『大辞典』だけが、「箱舟にいけどられ宛《つつ》二年もの」（井原西鶴《いはらさいかく》『両吟一日千句』）を引いています。生け簀《す》ふうの箱舟に入れられている二年ものの鯉《こい》か何かを詠んでいるのでしょうか。多くの辞書がこの言葉を立項し、字義どおりの語釈を載せていますが、その現物は見えてきません。

仮にそういう舟があるとして、そういう箱型の舟があるとして、それがどうして「方舟」と書かれもするのか、その点について申し上げましょう。「方」という漢字には、四角という意味があるのです。「円」に対立するものといえるのです。「水は方円の器《うつは》に随ふ。」（実語教）の、その「方円」で、「方」の字義がよく見えてきましょう。まるいの反対です。

「方形」「方眼紙」の「方」、みんな縦横の長さが同じ、四角だということです。お坊さんのいる「方丈」、一丈四方の庵室《あんしつ》ということです。そういう「方」をはこの意に当てたものだったのです。

土師（はじ）

今では、「土師《はじ》」さんという姓として存在するだけでしょう。日本史の授業で、「土師器」が出てきたのを覚えている方は、そこで勉強したことなどが思い出されてきましょうが、それ以外は、地名などに幾つかあったりしましょうか。

その土師器とは、古墳時代以降平安時代までに製作された素焼土器の総称です。弥生《やよい》式土器の流れをくむ黄褐色・赤褐色の土器で、壺《つぼ》・甕《かめ》・坏《つき》・高坏など、多くの器種があります。日用什器《じゅうき》だけでなく、祭祀《さいし》用具・古墳副葬品としても使用されたようです。下っては、近世のかわらけにまでつながるものとも見られています。

そこで、それら素焼土器が、どうして土師器と呼ばれるのか、です。それは、土師《はじ》が作ったものだからです。「土師」は、もとはにしでした。そのはにとは土を意味し、「埴輪《はにわ》」の「はに」も、そのはにだったのです。

そのはにに「師《し》」がついた複合語です。訓と音との混種語でした。埴輪などの土器をつくる仕事に携わる人を、そう呼びました。そのはにしが転じてはじとなったのです。

土器を貢納する伴部《とものみやつこ》のことをいったのが、いつか、姓の一つになって現代に至っていたわけです。万葉歌人に土《はに》師《しの》宿禰《すくね》水《み》道《みち》という人がいます。たまたま見た旧大系本『万葉集』（岩波書店）では、その同じ人を、五五七・五五八番歌の題詞においてははにしと訓み、三八四五番歌の歌と左注とではははじと訓んでいました。

同じ「土師」と書いて、つちじさん・とじさんという人もいます。後世、読みやすい読みへと、改めたということでしょうか。

旅籠（はたご）

もともと、「旅籠《はたご》」は、馬の飼料を入れて持ち運ぶ旅行用の籠《かご》のことでした。「篼…　漢語抄に波太古と云《い》ふ　俗に旅籠二字を用ゐる　馬を飼ふ籠なり」（和名抄・一四）とありますように、本来は「篼」という字が当たるのでしょうが、一般には「旅籠」と書いていた、ということでもあります。

その後、旅行中の食物や手回り品を入れて持ち歩く籠、またそこに入れた食物なども、そういいました。平安時代の用例は、その多くが、このような意味ともなっていました。

それが、中世になると、「旅籠　ハタゴ　旅宿の食なり」（文明本節用集）とあるように、旅館の食事をいうようになっています。その食事を提供する旅館は、当然、「旅籠屋　ハタゴヤ」（同）といわれました。旅籠屋というように、「屋」を付けて、いうならば、賄《まかな》い付きの旅館をいう言葉と実態とが生まれました。

しかし、そのうち、間もなく、旅籠屋の「屋」が落ちていきます。近世のある時期以降、「旅籠」の多くが、それだけで旅館を意味して用いられていきます。現代人で、この言葉を知っているという場合、その意味は、もちろん、この旅館の意味に限られましょう。そこで、「旅籠」の「籠」は、何を指すのか、建物をいうのかなど、字義を意識する人を悩ませたことでしょう。

「旅籠」という言葉は、実に目まぐるしい変化を遂げました。近世末には、旅館だけでなく、旅館に泊まる代金をも、その言葉で意味するようになっていきました。その漢字表記と意味との開きは、実に大きくなりました。

はたごという言葉の成立については、そのはたの説明に多様な理解がなされます。いずれにしても、旅泊をいう「泊《は》て」に関係しましょう。ごはこで、籠《かご》です。

二十（はたち）

昨今はともかく、明治・大正のころですと、とりわけて女性は、結婚している人も多かったでしょう。「その子二十くしに流るる黒髪のおごりの春の美しきかな」（与謝野晶子《よさのあきこ》『みだれ髪』）などからうかがえる二十歳の女性というと、それは晶子自身でしょうが、早くも、肉感的な魅力溢《あふ》れる、まさに女という感じがしてきましょう。

古くには、十《とお》、歴史的仮名遣いで十《とを》の次は、十《とを》余《あま》り一つ、その次は、十《とを》余《あま》り二つでした。そして、二十の次も、二十余り一つ、二十余り二つ、というように数えられました。そのように二十で括《くく》って数えるところから、二十進法であったのだ、と見られたりもしています。

そこで、その二十《はたち》のはたですが、二十日《はつか》のはつと通うものと見られましょう。その、二十日のかは、「日《ひ》」ということです。二日《ふつか》・三日《みか》・四日《よか》のかです。そこで、二十日《はつか》は、二十《はつ》に日《か》が付いた言葉ということになりましょう。どうして二十がはつなのかというと、それは、「果つ」という動詞、あるいはその名詞形「果て」と関係あろうと考えられたりしています。数えて数えてもう終わりだ、というのです。

二十《はたち》のはたは、そのはつ・はての末尾の母音がア段となったものでしょう。そのはたに、一《ひと》つ・二《ふた》つ・三《み》つのつに通うちが付いたのでしょう。つとちも、母音が交替したものです。数えて数えてもう終わりの数、というのです。

二十《はたち》は、いま、年齢を数える場合にしか用いませんが、「比叡《ひえ》の山を二十《はたち》ばかり重ね上げたらむほどして」（伊勢物語《いせものがたり》・九）とありますように、山の数を数えたりする用例もありました。あって当然の用例といえましょう。

波止場（はとば）

港の中の海といったらいいでしょうか、その海に、海岸から長く突き出て構築されている築造物、それを「波止場《はとば》」といいます。防波堤として波をよけるだけでなく、船をつないだり、そこで船客の乗降が行われたり、また荷物のあげおろしなどにも使われたりします。

埠頭《ふとう》といっても、船着き場といってもいいのですが、やはりそれらとは違って、この言葉には、独特の雰囲気が漂います。パイプを銜《くわ》えたマドロスさん（＝船乗り）が、それもちょっと草臥《くたび》れて少し汚れているぐらいのほうが、その波止場にはふさわしいように感じられます。

その波止場、波止《なみどめ》のある所だから、そう呼んだのです。「場《ば》」は、中世末から現れる言葉で、「には（庭）」が変化したものでしょう。複合語として、「市場」「踊り場」「的《まと》場」、また「漁場」「現場」「不浄場」など、訓の言葉にも音の言葉にも付いて用いられます。その一つとして、波止にも付いたのでしょう。

そこで、そのはとですが、近世中国語の「埠頭《ふとう》」が俗語化し、さらに転じたものかとするのが、一つの考え方です。「摂津国《せつつのくに》磯歯津《しはつ》、参河国幡豆郡《みかはのくにはづのこほり》磯泊《しはと》之波止」（高山寺本日本書紀・雄略天皇十四年）とあるからとして、停泊する意の「泊つ」の連用形「泊て」が母音交替したものかとする考えもあります。後者は、『大言海』の見方ですが、「場《ば》」という言葉と結びつく点からは、いかがでしょう。「波」は音ハを借り、「止」は訓「とむ」のとを借りた、そういう宛字《あてじ》です。意味も、うまく結びつきます。『大言海』の表記は、「波戸場」でした。

古くは、「Fato：波止場。つまり、船を降りるために作ってある場所。下《しも》」（日葡《にっぽ》辞書）とあります。「場《ば》」を伴わない形もあったのです。

浜木綿（はまゆう）

暖地の砂浜、葉はオモトに似て、夏、「浜木綿《はまゆう》」が白い花を咲かせます。古くに、「み熊野《くまの》の浦の浜木綿百重《ももへ》なす心は思《も》へど直《ただ》に逢《あ》はぬかも」（万葉集・四九六）と詠まれています。葉が幾重にも重なり合う浜木綿、そのように幾重にも心では思っても、直接逢う機会がない、というのです。その葉に文字を書くという、珍しい場面があります。「御果物《くだもの》の下《した》なる浜木綿に、かく書き給《たま》ふ。」（宇津保《うつほ》物語・蔵開）とありまして、そこに歌を書いているのです。浜木綿は、その花が上品な香を放ちますので、果物の下に敷いたというのは、よくわかります。

「浜木綿」といっても、「木綿《ゆう》」という植物があるわけではありません。「木綿」、歴史的仮名遣いでゆふ、幣《ぬさ》として神事や祭りのとき、榊《さかき》にかけて垂らす、細かく糸状に裂かれたものです。・楮《こうぞ》の樹皮をはぎ、繊維を蒸して水に晒《さら》し、細かく裂いてつくります。純白な、その植物の花を、この木綿に見立てて、そう呼んで名前にしてしまったのです。

「木綿…和名由布」（和名抄・一三）とありまして、祭具の一つといってよいそれは、古くからそう書かれてきました。そのゆふの語源、よくわかりません。『大言海』は、「斎麻《ゆふさ》」の略としています。ゆは神聖であることを示す接頭語、ふさは、組み紐《ひも》の一端を束ねて先を垂らした「総」で、原料は麻です。下ってから、同じ「木綿」を「もめん」という言葉を表すのに用いてしまいましたので、同一表記の別語ができてしまいました。

女優の浜木綿子、それを芸名にしたものです。その、『万葉集』の人麻呂《ひとまろ》の歌から採ったものではないでしょうか。

疾風（はやて）

疾風《しっぷう》とはいっても、もう、「疾風《はやて》」を用いる人はいなくなったようにも思います。「林をもれて飛び来る弾丸《たま》は、疾風にまじる雨霰《あめあられ》」（坪内逍遥《つぼうちしょうよう》『当世書生気質《かたぎ》』）など、小説作品には、それも少し古くはなりましょうが、きわめて自然に理解できる言葉として用いられてきています。

はやては、さらに古くは、はやちといっていました。ただ、「暴風…八夜知《はやち》又乃《またの》和木乃《わきの》加世《かぜ》」（和名抄・二）に見ますように、「暴風」という漢字をそう読ませていました。激しく吹く野分《のわき》の風を暴風に当てるのはわかりますが、はやち・はやてには、加えて急に吹いて来る意が認められるといわなければならないでしょう。

はやち・はやてのはやは、早い意です。そのはやは、名詞と結びついて、「早馬」「早船」「早道」などの複合語を構成します。はやちも、そのはやにちが付いたものでした。そのちは、風を意味します。「東風《こち》」のちと同じものです。そういうわけで、本来は、はやち、それがはやてに転じたものといえます。

もちろん、はやち・はやては、その両形が用いられました。「名おそろしきもの…はやち。」（枕草子《まくらのそうし》・一五三）とある一方に、「はやても竜の吹かするなり。」（竹取物語・六）とも現れます。近代に入っても、その両形は続きます。ただ、辞書としては、『節用集』などから、はやてを登載するようになります。

「疾」という漢字は、疾病という言葉のとおり、病気を意味します。それが、急病をも意味し、さらに、急の意だけをも表すようになった、そういう漢字です。したがって、早い意の「疾《と》し」とも読まれます。その連用形の「疾く」は、現代語の「とうに」「とっくに」となって残っています。

春雨（はるさめ）

春、静かにしとしとと降る雨、それが「春雨《はるさめ》」です。「くれなゐの二尺伸びたる薔薇《ばら》の芽の針やはらかに春雨のふる」（正岡子規《まさおかしき》『竹乃里歌《たけのさとうた》』）という短歌は、その、静かにしとしとと降る春雨が、本来鋭く刺すはずの薔薇の芽まで柔らかに包み込んでいる、と読みとってよいでしょうか。

その昔、新国劇に登場した月形半平太《つきがたはんぺいた》、その名台詞《めいぜりふ》といえば、「春雨じゃ、濡《ぬ》れて行こう。」でした。幕末の京洛《けいらく》を舞台に、とりわけて、あの妓女《ぎじょ》の蛇《じゃ》の目傘《めがさ》が、今でも目に浮かんできます。

その「春雨」、春と雨との複合語ですが、どういうわけか、はるさめと読んできています。どういうわけなのでしょうか。だれがしたわけでもありません。自然とそうなったのです。しかも、古い古い時代からそうだったのです。

書物ではありませんが、上代の遺文に、「春佐米（はるサメ）乃　阿波礼」（正倉院文書・僧正美状）と出てきます。「やぶなみの里に宿借り波流佐米（ハルサメ）にこもりつつむと妹《いも》に告げつや」（万葉集・三九六九）と歌われてもいます。一字一音の万葉仮名で書かれているわけですから、さであることは確かです。

古い時代の日本語は、母音が二つ並ぶのを嫌ったようです。はるのる（ru）のuとあめのaとが並ぶので、それを避けるためにsを挿入したものかと解されるのです。そういえば、「秋雨《あきさめ》」も、そうです。また、「場合《ばあい》」をばわいと発音するのも、wを入れた結果と見られましょう。母音と母音との間に子音を入れて調整したのでしょう。

魚籠（びく）

釣った魚を入れておく小さな籠《かご》のことを、「魚籠《びく》」といいます。あの、安来節《やすきぶし》の漁師が腰にぶら下げている籠、鵜飼《うか》い漁師の腰にも、そうそう、浦島太郎《うらしまたろう》の腰にも吊《つる》されているあれです。もちろん、腰に下げなくても、持って歩くそれでも、船に置いてあるそれでも、みんな魚籠です。

「帰る時、魚籃《びく》には鰻鯊《うなぎはぜ》満てり。」（徳富蘆花《とくとみろか》『自然と人生』）とか、「魚釣りに行つた村の若者が笭箵《びく》を下げて帰る時には」（田山花袋《たやまかたい》『田舎教師』）とか、そのように、文学作品の中にも用いられています。用例は少なくても、共通語として広く認められている言葉です。

びくという言葉、このように「魚籠」と書くびく以前に、縄を編んで作った、物を盛って運ぶ道具のことをいっていました。そして、「塓 ビク 又簍《るい》に作る 俚民《ひなびと》の土を盛る具」（書言字考節用集）が、この言葉を辞書に載せた最初のものです。それは、いっそう古い時代には、「畚《ふご》」ともいったものです。そして、びくは、そのふごが変化したものだなどともいわれたりしています。

びくは、多様な目的をもって多様に形態を変えても用いられました。その結果の一つとして、魚籠ともなっていったというように見ることもできそうです。とにかく、魚籠を指していうようになるのは、近世も相当に下ってからのことです。「釣魚を入るる籠を、江戸にてビクと云《い》ふは、近きころの俗名なるべし。」（嬉遊笑覧《きゆうしょうらん》・三）とあるからです。

漢語として、「魚籃《ギヨラン》」はありますが、「魚籠」はありません。熟字「魚籠」は、しかも、さして古いものではなかったのです。時に随《したが》って、必要に応じて、熟字が生産されていたのです。

只管（ひたすら）

「全員の無事をひたすら祈った。」などの「ひたすら」、ただそれだけに集中する様子をいう副詞です。そのひたすらを、近世・近代の表記の傾向としては、「只管」と書いていました。「思ひもよらぬ縁談に、お政は只管呆《あき》るるのみ。」（人情本・清談若緑《せいだんわかみどり》）や「弟を深田《ふかだ》へ縁づけたといふことを大へん見栄に思つてた嫂《あによめ》は、省作の無分別を只管《ひたすら》口惜《くや》しがつてゐる。」（伊藤左千夫『春の潮《うしお》』）などです。

そのひたすらは、いっそう古くは、言い切りを「ひたすらなり」とする、形容動詞に属する言葉でもありました。ただ、ひたすらだけの、この副詞の用例のほうが多く、「逢《あ》ふまでの形見とばかり見しほどにひたすら袖《そで》の朽ちにけるかな」（源氏物語・夕顔）など、中古から用いられていました。ひたは、一つを意味するひとの転じたもの、すらは、一般には「彼すら気づかなかった。」などの、助詞のすらが付いたものと考えられています。大野晋《おおのすすむ》『日本語の年輪』は、「つる（絃）」と見て、一筋の意としています。

ところで、「大　ヒタスラ」（類聚名義抄《るいじゅみょうぎしょう》・仏下末）を見て、ちょっと驚きました。辞書によっては、「一向　ヒタスラ」（伊京集《いきょうしゅう》節用集）ともありました。今でも、「只管」に次いで、多く見かけます。さらに一方には、「倩《ツラツラ》事ノ心ヲ案ズルニ、只《ただ》尊氏《たかうぢ》混《ヒタスラ》朝敵タル故《ユエ》也《なり》。」（太平記・将軍都落ちの事）ともありました。また、「頓」と当てる例もありました。

「只」は音シ、訓ただ、「管」は音カン、歴史的仮名遣いでクヮン、訓くだです。しかし、何よりも、「只管枝《しくわんし》蔓《まん》、便《すなは》ち本意に於《おい》て親切せず。」（朱子語類・二）など、漢籍の中に漢語「只管《シクワン》」として存在します。恐らくは、ひたすら座禅する意の「只管打坐《だざ》」、そういう言葉を背景に結びついたのでしょう。

一入（ひとしお）

「一入《ひとしお》」という言葉、あるきっかけで気持ちや感覚などがさらに強まる様子をいいます。「寒さがひとしお身にしみる。」とか、「ひとしおの感慨がある。」とか、そのように、副詞として、また「の」を伴った形で用います。そして、いま示したように、現代語としては、仮名書きするのが原則となっています。

そういうわけで、「一入」は、現行の正書法以前の、昭和二十一年十一月までの表記ということになりましょうが、なお、今でも、時には見かけましょう。ただ、溯《さかのぼ》って、各時代の用例を確かめてみましても、さして多いというほどではありません。そうですが、「一入 ヒトシホ」（類聚名義抄《るいじゅみょうぎしょう》・僧下）、そして、『節用集』の諸本など、辞書がきちんと登載してくれてあるのです。

この言葉、古典語としては、そのように、ひとしほと書かれていました。そして、その古い時代には、染め物を染め汁に一度入れて浸すことをも意味していました。しかも、「一入再入《ひとしほふたしほ》の紅《くれなゐ》よりも猶《なほ》深し。」（太平記・済氏叛逆《はんぎゃく》）からは、二度入れて浸した場合をいう「再入」にも出会えました。

そこで、その「入」は、染料に浸す度数を数える助数詞ということになります。古く、「紅の八《や》塩《しほ》の衣朝な朝な馴《な》れはすれどもいやめづらしも」（万葉集・二六二三）ともあって、これは、八回浸したことになります。その「八塩」の「塩」は、宛字《あてじ》なのでしょうか、潮時などの意と関わるのでしょうか。

「入」という漢字を古くにしほと読ませたのは、その字に浸す意があるからです。「三入を纁《くん》（＝うすい赤色）と為《な》し、五入を緅《しう》（＝青みがかった赤色）と為し、七入を緇《し》（＝黒色）と為す。」（周礼《しゅらい》・冬官・鍾氏）など、その例といえましょう。

為人（ひととなり）

今でも、「堅実な人となりだ。」とか「彼の人となりを考えて援助した。」とか、そのように用います。生まれつきの性格をいいます。今では、そのように「人となり」と書きますが、かつては「為人」と書いて、そう読まれました。

「人」「と」「なる」の三単語が一語相当の動詞「ひととなる」となって、一人前になるなどの意を表すことになりました。その「ひととなる」の連用形ひととなりが名詞に転じて、この言葉の成立となりました。この抽象的な概念の名詞、漢籍を訓読した文献の中にもっぱら現れます。

もちろん、日本の文献にも、「天骨 比止止那利 邪見にして」（日本霊異記・中）などと見られますが、それは、漢籍の中で「性」や「天縦」などをそう訓《よ》んだ結果が及んだものと見られます。特に「其為レ人也、孝弟而好レ犯レ上者鮮矣＝其《そ》の人と為《な》りや、孝弟にして上を犯すことを好む者は鮮《すくな》し。」（論語《ろんご》・学而《がくじ》）などに見る「為人」の訓みとして、一定の定着を見せたものと思います。

意味は少し違って、体つきをいう「その老《おゆ》、為人身体《ひととなりからだ》いたく痩《や》せたり。」（万葉集・三八五四左注）という用例を見ます。これに類する例として、下って、「ひととなり少し細高にて」（宇治拾遺物語《うじしゅういものがたり》・一二四）なども見られます。「長生 ヒトトナリ」（類聚名義抄《るいじゅみょうぎしょう》・仏下本）に当たるようで、身長をいっているようです。ところが、同じ『類聚名義抄』に、「天性 ヒトトナリ」（同・法中）ともあったのです。こちらは生まれつきの性格をいっているのでしょう。

右に紹介した用例からも明らかなように、ひととなりには、二つの語義がありました。一つは、生まれつきの性質をいう「為人」です。いま一つは、からだつきや背恰好《せかっこう》をいう「為人」でした。後者は現代には残っていません。

一人（ひとり）

「ひとり」「ふたり」を「一人」「二人」と書いたとき、その「一」「二」の部分は、「一《ひと》つ」「二《ふた》つ」の「一《ひと》」「二《ふた》」と見てよいのでしょうか。そう見てしまうと、残る「人」が、どうして「り」となるのか、そういう疑問が湧いてくることになりましょう。

ひとりの原型については、「一在《ひとあり》」がつまったとする見方と、「一在《ひとをり》」がつまったとする見方と、二つあります。「あり」「をり」は動詞ですが、その連用形も「あり」「をり」で、それが名詞化したものと見るのです。

「二人」以上については、「あり」と見ることができます。「二在《ふたあり》」「三在《みつあり》」「四在《よつあり》」が、そのまま「二人《ふたり》」「三人《みたり》」「四人《よたり》」となるからです。いずれも、「たあり」「つあり」が約音化して、「たり」となったのでしょう。

「をり」は、座る意の「ゐる」の連用形「ゐ」に「あり」が付いて一語化したものです。座ってそこにいるとは、恐縮した態度でいる、ということです。ひとりは「独り」でもあり、自分のことをいう場合が多いかに思えてなりません。そして、「一在《ひとをり》」だから、ひとりのとりとなったのでしょう。「一在《ひとをり》」に対するのが、「二在《ふたあり》」「三在《みつあり》」「四在《よつあり》」であったといえましょう。とりとたりとの違いは、をりとありとの違いであった、ということができます。ただ、古くに、「一人」をひたり、あるいはひだりといった例を見ます。「蝦夷《えみし》を　一人《ひだり》（毗儾利）　百《もも》な人　人は言へども　抵抗《たむか》ひもせず」（日本書紀歌謡・一二）です。蝦夷を一騎当千だと人は言うが…、というようなところです。ここは、恐懼《きょうく》する気持ちなどまったくなく、「一在《ひとあり》」と見ることのできるところです。

雲雀（ひばり）

春、さえずりながら空高く舞い上がるといったら、直ちに「雲雀《ひばり》」とわかりましょう。雀《すずめ》よりやや大きく、体色は茶、黒い斑点《はんてん》があります。その鳴き方はピーチクピーチクかと思いましたら、『擬声語 擬態語 慣用句大辞典』（白石大二編）は、「ぴいちゅるぴいちゅる」「ぴいぴいぴいとさえずる」と立項してあるだけでした。もっとも、それは、活字資料のある用例に即して整理したもので、後者は小学唱歌にあるものでした。

古くから、「ひばりは天《あめ》に翔《かけ》る高行くや速総別《はやぶさわけ》鷦鷯《さざき》捕らさね」（古事記・仁徳）とも、「うらうらに照れる春日にひばりあがり心悲しも一人し思へば」（万葉集・四二九二）とも、そのように詠まれています。ただ、「雲雀」の漢字表記は見られません。辞書の性質にもよりましょうが、「鶬 比波利」（新撰字鏡《しんせんじきょう》）、「鴰 比波利」（同）、「鷓 比波利」（同）、さらに「鳸 比波利」（同）と、そうあるだけです。ところが、ちょっと下ると、「雲雀… 和名比波里　…鶬鶊… 和名上同」（和名抄・一八）とあったのです。「鶬鶊」という漢字表記を見せながらも、「雲雀」が現れたのです。その雲雀、中国にもありましたが、「雲雀甍《いらか》を蹈《ふ》みて首《かしら》を矯《あ》ぐ」（左思「魏都《ぎと》の賦《ふ》」）など、おおとりというか、鳳《ほう》をいうようです。すると、「雲雀《ひばり》」は、それとは別に独自に日本で作られた熟字と見てよいでしょうか。

そのひばり、「日晴《ひは》れ鳥《どり》」が約《つづ》まったものかなどともいわれてきていますが、何ともいえません。『養生訓』で知られる貝原益軒《かいばらえきけん》の『日本釈名《にほんしゃくみょう》』など、そういっています。

異名とされる「告天子」、「鷚《れう》は、爾雅に天鸙《てんやく》とあり。俗に告天と呼ぶ。」（鎮江府志）などから、中国でも、そう感じたのかと思わせられます。

前田夕暮の歌、「向日葵《ひまわり》は金の油を身にあびてゆらりと高し日のちひさよ」（生くる日に）には、絵画における後期印象派の影響が認められるといわれています。金の油を身に浴びた向日葵、そのたくましい生命力の前に、太陽までが小さく感じられてしまうのでしょう。

向日葵（ひまわり）

この花、英語でsun flower、フランス語でtournesol、そして、漢名が向日葵《カウジツキ》、日本では日車《ひぐるま》とも、日輪草《にちりんそう》ともいいます。いずれも、太陽と関係ある名前です。ただ、その向日葵、実はキク科で、葵《あおい》と見てしまったのは、学問的には誤りでした。

夏から秋にかけて、茎頂に太陽に似た頭花が横向きに咲きます。一瞬、太陽のほうを向いているかにも見えますが、実際には、その花、あまりは動くことがないとのことです。太陽とともに花が回転するかにいわれるのは、子どもには楽しいお話でしょうが、ほんのわずか、向日性が認められるという程度のようです。それにしても、広く世界でそう感じられているというのが、何ともおもしろいといえましょう。

近世の国語辞書に、「羞天花《シウテンクワ》」、「羞天花　ヒマハリ」（書言字考節用集）とありました。ただ、その薬書『本草』を見ますと、「鬼臼《キキウ》」の項にあって、釣《つ》り鐘草《がねそう》に当たるもののようです。いまいうひまわり、つまり向日葵とは違うひまはりということになりましょうか。

コロンブスのアメリカ大陸発見後ヨーロッパに渡った、北アメリカ原産の植物です。スペイン・イギリスでは「太陽の花」、フランス・イタリア・ロシアなどでは「太陽について回る花」、日本語ひまわりは後者の系統で、中国で「向日葵」と書いたものの直訳でした。

日和（ひより）

「待てば海路の日和《ひより》あり。」という慣用句があります。落ち着いて待っていれば、海の静かないい日和のときもある、ということです。いずれ機会がある、という意を表そうとするときに用います。ただ、この慣用句、「待てば甘露の日和あり。」のパロディーとして、このように言い換えられたものでした。

「武庫《むこ》の海の爾波《には》よくあらし」（万葉集・三六〇九）という歌があります。その「には」とは、地面だけでなく、海面をも、そういったのです。ここでは、特に漁場をいうのに用いています。それを、日が和《なご》んでいる意に誤解して、「日和」という漢字が当てられ、それがひよりに結びついたというお説がありますが、いかがでしょう。海上の天気をいうのがひよりの本義ですから、こんな話も生まれましょう。

「日和《ひより》」の語源は、日寄《ひよ》りの意とも、日選《ひよ》りの意ともいわれます。日寄りは日に近いほう、日選りは日選《ひえ》りでもあり、いい日を選ぶということでしょうか。

そのひよりに、「日和」の漢字が当てられるのは、やはり、漢籍中の「風恬《しづ》かに日和し、川晴れて野媚《こ》ぶ」（欧陽詹《おうようせん》「魯山《ろざん》の令李冑《りちゅう》僚府に宴する序」）などの「日和《ニチワ》」を採用したものと見るのがよいでしょうか。『万葉集』の、漁場の意の「には」の誤解とするのは、レベルの高い悪戯《いたずら》のようにも思えてきます。

とにかく、お天気をいう言葉、早くから外来語を使っていたのです。「ていけのことにつけて祈る。」（土佐日記・一月二十六日）の「ていけ」が、それです。呉音「天気《てんけ》」の「ん」を、まだその仮名がなかったため、「い」と表記したものだったのです。

檜皮葺き（ひわだぶき）

檜《ひのき》の樹皮で屋根を葺《ふ》いた、その「檜皮葺《ひわだぶ》き」の建造物、今では、中国から入ってきた瓦《かわら》葺きを意識して拒む、数少ない神社などに残るだけとなりました。もちろん、古い時代を描いた小説の中には、「丸太のやうな物が、凡そ、二三千本、斜めにつき出した、檜皮葺《ひはだぶき》の軒先へつかへる程、山のやうに、積んである。」（芥川《あくたがわ》龍之介《りゅうのすけ》『芋粥《いもがゆ》』）などと出てきます。

「檜《ひのき》」、今はそれで一語ですが、本来は「檜《ひ》の木」という二単語です。だから、「檜扇《ひおうぎ》」という言葉、また、「檜垣《ひがき》」「檜山《ひやま》」といった姓氏があるのです。その「檜《ひ》」に、「皮《はだ》」という言葉が付いた複合語「檜皮《ひはだ》」、その檜の樹皮で葺いたから、そこで、「檜皮葺《ひはだぶ》き」という言葉となったのです。

日本語の歴史を見たとき、ハ行の音が単語の中ほどや末尾にある場合、ワ行の音に変わっていく時代がありました。中古から特定の単語に、追ってすべてに及んでいきました。「ひはだぶき」のはも、当然わとなっていって、現在に至っているのです。「皮」を「わだ」と読ませられるので、奇異にも感じましょうが、当然の結果だったのです。

「檜皮葺　ヒワダブキ」（文明本節用集）とありますのに、それより後年の刊行のものに「檜皮葺　ヒハタブキ」（伊京集《いきょうしゅう》節用集）とあったりなど、それが実際の発音と一致するものではないにしても、とにかく、その仮名表記は揺れています。特に、「枇杷　ビハ」「琵琶　ビハ」としながら「檜皮葺　ヒワダブキ」（書言字考節用集）としてしまっている、その編者の、この言葉に対する意識、聞きたい思いです。

先祖が檜皮師だったのか、「檜皮」という姓氏があります。「檜《ひ》皮《わだ》さん。」とお呼びしたら、「檜《ひ》皮《はだ》です。」といわれたことがあります。

河豚（ふぐ）

「河豚《ふぐ》は食いたし、命は惜《お》しし。」といいます。河豚はうまいが、中毒の危険があるところから、そういうのです。「河豚」とは、円筒状で腹部が大きく、口の小さい海産硬骨魚です。敵に襲われると、空気をのみ込んで、からだを膨らまします。内臓に猛毒があって、それに中毒するのです。その危険を冒すからこそ、その刺身《さしみ》も鍋《なべ》も、格別な味となるのでしょう。

今でも、地方によっては、ふくといって、ふぐとはいわないようです。「Fucu 又は Fucutŏ：ある魚であって、その中の毒を取り除いて、汁に入れて食べるもの」（日葡《にっぽ》辞書）とありますように、少なくとも、その時代その地方では、ふくとかふくたうとかいっていたことがわかります。tŏとは、口の開け方の大きいtōで、歴史的仮名遣いではたうとなります。

そのふくたう、「河魨　フクタウ」（文明本節用集）ともありまして、「河」に、豚に通うといわれる「魨」という字が書いてあります。「河豚」は少し遅れて、「河豚　フクタウ　フグ」（書言字考節用集）というように現れます。並行して、ふぐと濁ってきてもいます。

いっそう古くは、「鯸鮔魚…　布久　一に布久閉と云《い》ふ」（和名抄・一九）とありまして、ふくとかふくへでした。そのふくは、怒ると腹が膨れる、そのふく、また、膨れた形が似ている匏瓠《ふくべ》のふくと見てよいでしょう。匏瓠も、膨れているから、そういうのです。「河豚」と書くのは、中国では河で捕ったそうで、腹を膨らますとき豚に似た声を出すからとも、膨れた形が豚に似ているからともいわれています。

坂口安吾《さかぐちあんご》が『ラムネ氏のこと』の中で、フグを料理として通用させるまでの多くの殉教者《じゅんきょうしゃ》に賛辞を贈っています。同じ思いです。お陰で、おいしくいただけているわけです。

蒲団（ふとん）

「蒲団《ふとん》」とは、布製の袋の中に綿や羽毛などを入れて平らに延ばしたもので、寝るときや座るときに敷くものです。綿の伝来が中世末、そこで、それ以前に蒲団はないことになりそうですが、実は本来の蒲団は、その字のとおり植物の蒲《がま》の葉で編んだもののことですから、言葉は、それ以前にあったことになります。ですから、その一方で、いま、「布団」とも書くようになってきています。

本居宣長《もとおりのりなが》は、蒲団の名義について、「いにしへ布単といひし物あり。布毯《ふたん》とも書《かき》たり。此物《この》より転ぜるなるべし。」（玉勝間）といっています。しかし、それは、遷宮や行幸の折など、その道筋に敷いた布帛《ふはく》で、現在寝具となっているそれには、あまりにも遠いものでしょう。

おおまかにいって平安時代、今の掛け蒲団に相当するものは「衾《ふすま》」、敷き蒲団に相当するものは「褥《しとね》」でした。例の後朝《きぬぎぬ》の別れ、脱いだ衣服を重ねて共寝したからこそ、翌朝それぞれの着物を着て別れたのです。その場で、寝具に早変わりさせていたわけです。

蒲団は、中国から、座禅などに用いる円座として伝来したようです。道元も、「坐禅《ざぜん》のとき、袈裟《けさ》をかくべし。蒲団をしくべし。」（正法眼蔵《しょうぼうげんぞう》）といっています。それが、やがて、綿を入れたりして、寝具にまでなって現在に至っているわけです。

蒲団の「蒲」は材料の蒲《がま》、「団」は丸い物を意味します。「蒲」をフ、「団」をトンと読むのは、いずれも唐音だからです。

ある時期、寝具の蒲団と敷物の座布団とを区別して、書き分けられもしました。しかし、それとは別に、当用漢字施行に及んで、「蒲」が表外字となったため、「布団」となったのでした。ですから、「布団」と書くのは布製だからということだけではなかったのです。

糸瓜（へちま）

「糸瓜《へちま》」は、いわゆる棚、蔓《つる》を這《は》わせる棚を作って、その円筒形の果実が、少しでも長く伸びるよう育てます。溜《た》め池などに漬けておいて、繊維だけにして、今でもあかすりに使います。茎からは液を取り、化粧水や咳止《せきど》めなどに使います。子規《しき》の句「糸瓜咲いて痰《たん》のつまりし仏かな」、そのための糸瓜だったのでしょうが、病床の彼には間に合いませんでした。

その黄色い花からもわかるように、糸瓜はウリ科です。日本には、江戸時代の初めに渡来しました。食用にならないからでしょうか、役に立たないものの譬《たと》えとされてきています。そういう背景に拠っているからか、「いやも糸瓜もあるものか。」などという、得体の知れない慣用句までが生まれてきています。

この植物、漢名は「糸瓜《シクワ》」とのことです。そのまま「いとうり」と、まず、そういったようです。ところが、それが、いつか「とうり」となりました。その「とうり」の「と」は、「いろはにほへと」の「へ」と「ち」の間にあるので、へちまといったのだそうです。江戸時代の方言辞書『物類称呼』が、そういっています。外来語研究をもって知られる楳垣実《うめがきみのる》、その『猫も杓子《しゃくし》も』は、それをおもしろく読ませてくれます。

奥さんのことを「山の神」というのは、「うゐのおくやま」の「やま」の上《かみ》にあるので、「奥（方）」のことをいったのだ、とは、諺語《げんご》研究の大家鈴木棠三《すずきとうぞう》の説でした。また東京の「国立《くにたち》」市、国分寺市と立川市の中間に位置するので、そう名づけたのだそうです。

江戸時代には、へちまを「布瓜」と書いた例、また、「⿰糸瓜」とした例もありました。後者、諸橋《もろはし》轍次《てつじ》の『大漢和辞典』にも載っていませんでした。

部屋（へや）

建物の内部をいくつかに仕切った所を、「部屋《へや》」といいます。「子供部屋」の部屋です。それに対して、その建物全体をいうこともあります。「相撲《すもう》部屋」の部屋です。ただ、それは、建物の中の一仕切りをいっていたものが独立した結果の呼称ということでしょう。

この言葉、中古の物語に、「冬は雪をつどへて、へやにつどへたること、年かさなりぬ。」（宇《う》津《つ》保《ほ》物語・祭の使）とあります。「つどへて」が重複していて、冬は雪を部屋に集めたことが何年か続いた、といっているところです。ただ、使用頻度が高まるのは、中世以降です。

辞書に載るのも、「亭子 へヤ 部屋 戸屋 同」（色葉字類抄）以降です。四阿《あずまや》をいう漢語「亭子」を、そう読ませています。そして、建物をいったのでしょうか。「戸屋」は、「戸」の古訓へを用いたもので、これも建物になってしまいそうです。そのうちの「部屋」が、次の時代の『下学集』以来、多く採用されて、現在に至っていることになります。

その間に、「隔屋」という漢字表記も行われました。『節用集』のいくつかは、「部屋」に併せて、その表記も載せています。そこでか、『大言海』は、この言葉の語源を、「隔屋ノ義」としています。ただ、これまた、隔たった所にある建物とも解されましょう。「部屋」とは別語のへやなのか、それとも、離れ座敷をいうのに始まる言葉なのでしょうか。

「部屋」の「部」は、わける意を表す漢字で、表意文字として使ったものです。その音ブを借りてか、職業集団をいう「語部《かたりべ》」などのべに当ててきました。そこで、へという発音ともよく結びついたのでしょう。とにかく例外読みでして、『常用漢字表付表』に入っています。

鬼灯（ほおずき）

七月九日・十日の二日間、東京浅草寺《せんそうじ》境内に立つ市、鬼灯《ほおずき》を売る市、いうまでもなく、酸漿市《ほおずきいち》です。そのように、「鬼灯」だけでなく、「酸漿」とも書きます。ここのところ、そちらを用いるほうが多くなってきていましょう。この日が、四万六千日の縁日であることに因《ちな》んだ市です。この日お参りすると、四万六千日の参詣に相当するといいます。

多くは、庭先に栽培されていましょうが、東京では、酸漿市で買ってきた、その鉢植えを楽しむ方が多いでしょう。袋状の萼《がく》に包まれている赤くて丸い実の中を空《から》にして、空気を吹き込んで、鳴らして遊んだりします。

歴史的仮名遣いで書くと、ほほづきで、古くに、「連荳…阿波久佐、形は保々豆支に似、実は菓子に似る…」（新撰字鏡《しんせんじきょう》）とありまして、「あはくさ」という植物の形がほほづきに似ているといっています。「酸漿…和名保々豆木」（和名抄・二〇）というように、そこには、この言葉が立項されています。その漢字表記「酸漿《サンシヤウ》」は、ほおずきをいう漢語です。その熟語に当たる日本語がほほづきであると示しているわけです。

中世に入ると、この言葉、多様な漢熟字に当てられます。「山茨菰 ホウツキ サンシコ 又鬼灯と云《い》ふ、其《そ》の実赤くして灯の如《ごと》し」（下学集）は、「山茨菰」とも「鬼灯」とも書いてあって、その「鬼灯」については、その実が赤くて灯のようだからといっています。鬼の提灯《ちょうちん》と見立てたのでしょう。

ほほづきのほほが何であるかについては、大きく二説が対立します。人の「頬《ほほ》」に似ているからとするものと、「蝥《ほほ》」という虫がつくからと見るものと、です。

ずっと古く、この植物、「かがち」といいました。八岐《やまた》の大蛇《おろち》の目を「赤加賀智《あかかがち》の如《ごと》くして」（古事記・神代）といっています。そんな感じの目だったのかと、よく見えてきました。

黒子（ほくろ）

皮膚の表面にある、小さな黒い点、それを一般に「黒子《ほくろ》」といいます。ほとんどの人にあるそうで、顔だけでなく、耳の後ろや、顎《あご》の下、また、腕や背中にも、確かにあります。顔にある場合は、それがかわいくさせることもありますし、時には、泣き黒子《ぼくろ》になることもあります。

古くは、「黒子 和名波々久曽」（和名抄・三）とありますように、「ははくそ」といいました。そして、その黒子は、「左股《さこ》に七十二の黒子有り。」（史記・高祖本紀）とありまして、確かな漢語でした。それを、平安時代の日本語としては、「ははくそ」といったのですが、やがて、色が強く意識されてか、ははくろとなってしまったようです。その結果、「Focuro：顔にある黒い斑点」（日葡《にっぽ》辞書）となって、現在に至っているのです。

狩谷棭斎《えきさい》『箋注倭名類聚抄《せんちゅうわみょうるいじゅしょう》』は、『和名抄』の「ははくそ」が、その後どうなったか、示してくれてあります。ただ、その本来のははくそとは何であるのか、くそは糞《くそ》ですが、ははについては一般には、母であろうと見て、母の胎内にいたときの滓《かす》、と解されています。

今では区別される「痣《あざ》」と「黒子《ほくろ》」、古くは必ずしも明確ではなかったようです。痣、黒子、さらに疣《いぼ》、いずれも皮膚にできてしまった不純物ですが、それらを、各時代、いろんな視点から呼び分けてきているわけです。ははくそからははくろへ、そして、はわくろ、はうくろ、さらにほうくろ、そんな過程が当然あったはずです。

その黒子を直喩《ちょくゆ》としている例がありました。「黒子のように小さい土地だけれど」（大仏次郎《おさらぎじろう》『帰郷』）です。「小さい土地」の譬《たと》えです。

反故（ほご）

書き損じた紙を意味すると知っていても、いま、そういう意味で「反故《ほご》」という言葉を使うことは少なくなったと思います。ワープロで打ち込んでプリント・アウトした、その打ち損じは何というのでしょうか。書き損じがなくなったのですから、その言葉も消えていきます。そして、「約束を反故にする。」のような用法だけ残る時代もやってきましょう。

この言葉、「反故　斉《せい》の春秋に云《いは》く、沈麟士《しんりんし》雲禎《うんてい》、少《わか》きとき清貧にして反故を以《もつ》て数千巻を写書す」（和名抄・三）とありますが、あいにく読みが付いていません。その「反故」、それに書数千巻を写したというのですから、書き損じの紙を再活用したことになります。そして、漢語としては、その再活用紙をいったのです。日本では、その後、「反古」とも書かれましたこと、「反古　ホグ　反故　同」（類聚名義抄《るいじゅみょうぎしょう》・僧中）などからうかがえます。

いわゆる古典の文章一般の傾向としては、むしろ「反古」が多く、また、仮名書きとしては、「ほうぐ」「ほうご」が有力です。「残しおかじと思ふ反古《ほうご》など破《や》り捨つる中に」（徒然草《つれづれぐさ》・二九）など、よく知られている例です。そういう過程を経て、あるいは「反故紙」「反故張り」などの複合語形がそうさせたのか、「反故《ほご》」に落ち着いて、今日に至っているということでしょう。

本来が漢語ですから、漢籍中の「反故」はハンコかハンゴでしょうが、仮名文献においては、撥音《はつおん》が「う」と書かれたり、無表記となったりしました。それに併せて、「ハ」にも「ゴ」にも母音の変化が生じて「ホグ」ともなったのでしょうか。そして、「ほぐ」のぐが近代に至って再びごとなるのは、漢字を思い浮かべて律義にいおうとする姿勢が徹底したからでしょう。

時鳥（ほととぎす）

『古今集』の巻第三（夏歌）では、三十四首中二十八首がホトトギスを詠んでいます。そのホトトギス、五月に日本に渡来し、九月には南方に去っていきます。そういうわけで、夏を知らせる鳥として知られています。そのホトトギスを漢字で表記すると、「杜鵑」「子規」「郭公」「不如帰」、そして「時鳥」などとなります。

「杜《と》鵑《けん》」という名の由来は、中国古代の蜀《しょく》王の杜宇《とう》が位を譲った後にホトトギスと化したところから、こういわれるというのです。鵑の字の肙はこの字の音を示す字でケン、したがって鵑は、ケンケン鳴く鳥ということでしょう。つまり、杜宇という人がケンケン鳴く鳥になった、というような意味と読みとれます。

「子《し》規《き》」は、子規鳥ともいわれ、ホトトギスの別称として、李《り》白《はく》の詩にも用いられています。正岡《まさおか》子規がこれをペンネームとしたのは、肺結核で血を吐くみずからを、鳴いて血を吐くホトトギスの名を借りて名のったものといわれています。子規の本来は子鴂《し》で、鴂がホトトギスを意味する字でした、子規は一種の宛字《あてじ》だったわけです。

「郭公《かっこう》」は、本来、閑古鳥のことで、ホトトギスに似て、ホトトギスより大きい鳥です。それを、ホトトギスをいうのに用いてしまったもののようです。「不《ふ》如帰《じょき》」は、ホトトギスの鳴き声を、そう聞いたことに由来するようです。帰るに如《し》かずと訓読され、帰るのに勝《まさ》ることはない、という意味です。浪子《なみこ》と武男《たけお》の悲恋小説、徳富蘆花《とくとみろか》の『不如帰』は、この字です。

それほどに多くの表記を持つホトトギスですが、日本独自の漢字表記として「時鳥」とも書かれるようになりました。夏を代表する典型的歌材として、その時に限って鳴く鳥ということでしょうか。

法螺（ほら）

大袈裟《おおげさ》にいったり、出鱈《でたら》目《め》をいったりすることを、「法螺《ほら》を吹く」といいます。その「法螺」は法螺貝の略語形で、しかも単なる貝ではなく、吹き鳴らす道具としてのそれです。修験道《しゅげんどう》の山伏《やまぶし》が吹く法螺貝です。古くは、戦陣においても用いられました。その音が、あまりにも大きいところから、誇張していう表現を、そのように譬えることになったのでしょう。

どうして法螺貝というかというと、その巻き貝には大きな空洞があるからです。空洞、つまり、洞《ほら》があるからなのです。そこで、洞貝と名づけたのでしょう。法螺貝の「法螺」は、そのように宛《あ》てたにすぎないのです。

その「法螺」の「螺」は、巻き貝を意味します。にしという訓で、それが巻き貝を意味します。田《た》螺《にし》の螺《にし》です。そこで、「法螺」の「法」は、何を意味するかと思いたくなってくるようです。しかし、「法螺」は、もともと宛字なのです。

「洞貝」と書いたらよいこの巻き貝を、「法螺貝」としてしまったのは、「螺」字で巻き貝の意が表せ、「法」で修験道の呪法《じゅほう》などを感じとらせることができると思ったからではないでしょうか。修験道は、広くいえば仏教の一派です。「法」字は、ほの音を表すだけでなく、仏法や呪法などの修行の印象を与えたように思えてきます。

辞書で、この巻き貝を最初に収めたのは、「螺　ホラカイ」（下学集）です。巻き貝の紹介はこれで十分です。「法螺」という表記は、やはり修験道との関わりを経ての成立でしょう。古く『平安遺文』に、「其の後宝螺の声絶えず、礼仏の勤め倦むこと無し。」（法隆寺文書・金光院《こんこういん》三昧《ざんまい》僧等解）とありました。「宝螺」と宛てることもあったのです。

母衣（ほろ）

「母衣《ほろ》」という武具、おおよそ、源平の戦いのころ、敵の矢を防ぐために背負った、大形の袋状の布のことです。図版として引かれているのは、『平治物語絵巻』からのものでしょう、馬に乗った武将が、鎧《よろい》の背に結びつけて、風を受けて、中に、自然、空気が入るのでしょうか、丸く膨らんでいます。

「熊谷《くまがい》は、褐《かち》の直垂《ひたたれ》に赤革縅《あかがはをどし》の鎧着て、紅《くれなゐ》の母衣《ほろ》を掛け」（平家物語・一二之懸《いちにのかけ》）とありますように、実に鮮やかな出《い》で立ちです。ただ、その熊谷次郎直実《なおざね》に、平家の公達敦盛《きんだちあつもり》が討たれてしまったことを思うと、何とも残酷にも思えましょう。

時代的に見て当然のことながら、『節用集』の類は、みなこの言葉を登載してくれてあります。「袍」「幌」もありますが、「母衣」が最も多く見られます。そして、母の胎内にあるとき、孩児《がいじ》、つまりみどりごが頭に胞衣《えな》を戴いていて、それで諸毒を防ぐので、そこで譬《たと》えとしていったのだ、と注を施してあるものが、幾つかあるのです。流れ矢を防いでくれ、存在明示の標識ともなる母衣は、まさに、胞衣、胎児を包んでいる膜に相当するといっていいでしょう。

「母」には、「ム・モ・ボ」などの音がありますので、ほの音にも通うといえましょう。ボの清音はほです。「衣」の訓ころものろと同音のろを、「母衣」の「衣」が受け持つかに見えて、その発音ともどこか通うかに感じとれる、この「母衣」という漢字表記です。その後、「母衣蚊屋」の「母衣」、そして、「幌馬車《ほろばしゃ》」の「幌」となっていきます。「母衣」という表記、いま、岐阜《ぎふ》県の御母衣《みほろ》ダムというダムの名に残っています。

雪洞（ぼんぼり）

三月三日といえば、上巳《じょうし》の節句、女の子の雛《ひな》祭りです。その雛壇の両端に、絹張りの覆いの付いた木枠の小さな行灯《あんどん》が置いてありましょうか。それが、「雪洞《ぼんぼり》」です。六角形の下方が少しつぼまったものや円筒形のものなどもあります。

その「雪洞」という二字の漢字、それをそのまま「雪洞《セツドウ》」と呼ぶ物が中国にありました。茶道具に風炉《ふろ》というものがありまして、釜《かま》をかけて湯をわかす鉄製の炉ですが、それを覆うものが、雪洞なのです。木枠に白紙が張ってあって、一部に窓が空いています。実は、その雪洞を、日本では、照明器具に転用して、その「雪洞」をぼんぼりと読ませることにしたようです。その結果、茶炉を覆う雪洞まで、「雪洞　ボンボリ　茶炉具」（書言字考節用集）からは、そう呼んだようにも思われます。

手燭《てしょく》というか行灯というか、その照明器具として製作された雪洞、それをどうしてぼんぼりというかを追跡しますと、どうも、ぼんやりとした状態をいう副詞「ぼんぼり」を転用したもののように思われるのです。「蓬然　ボンボリ」（書言字考節用集）などとあるからです。

ぼんぼりには、扇の種類名としてのぼんぼり扇、さらに、料理の名称、また、綿の種類名などもあります。いずれも、副詞としてのぼんぼりが意味する、薄く透《す》けてぼんやり見える様子に通うという点で、そう名づけられるのももっともと思えます。

その、基《もと》をなした副詞のぼんぼりは、「ほんのり」という副詞が転じたものかと見られています。それにしても、「雪洞《ぼんぼり》」は、物そのものも雪洞《せつどう》を借りて作られましたし、名前も副詞から借りたもので、すべて借り物であるということになりましょう。

迷子（まいご）

「迷子《まいご》の迷子の子猫ちゃん、あなたのお家《うち》はどこですか。」（佐《さ》藤《とう》義美《よしみ》「犬のおまわりさん」）という小学生の歌がありました。その歌を歌ったお子さん方、その後、学年進行に伴って、「迷《まよ》う」という漢字を学習して、さて、「迷《まよ》い子《ご》」とはいわなかったぞと悩んでいないかと、心配されます。デパートでも公園でも、とにかくどこでも、「迷子《まいご》のお知らせをいたします。」と、どのアナウンサーの声も、そういっています。

「迷子《まいご》」は、「迷《まよ》い子《ご》」、歴史的仮名遣いで書くと「迷《まよ》ひ子《ご》」、それが変化したものであって、まよひごが発音しにくいところから、そうなったもののようです。まよひのひが、当然のことながらいとなりますと、よといが重なることになります。母音いの上のよは、ヤ行の音で、母音に近い、半母音といわれる音です。そこには、短い有声の摩《ま》擦《さつ》音《おん》が認められるだけで、それは、母音と子音の中間にある音です。急いで発音したら消えてしまうこと、十分にうかがい知れましょう。

「まよひ子の札《ふだ》悪筆ではんじかね」（柳多留《やなぎだる》・三〇）という雑俳があります。五・七・五の上五の部分、「まよひ子の」です。それを「迷子《まいご》の」と読んでしまったら、字足らずになってしまいます。「まよひ子をたづぬるこゑ『まよひ子の長太郎やァい。』」（東海道中膝《ひざ》栗《くり》毛《げ》・三）ともあります。「迷ひ子」であったことが、十分に確認されました。

もちろん、「新町を迷子呼んだり覗《のぞ》いたり」（類字折句集）の中七は、まいごと読まなかったら、字余りになってしまいます。さらには、「土地の者だから迷《ま》ひ子《ご》にもなるめへ《ママ》。」（西洋道中膝栗毛・二）など、その推移の過程がうかがえましょう。

真面目だ（まじめだ）

「真面目《まじめ》だ」、という言葉には、一つには、顔つきなどが本気であるさまをいう場合と、いま一つ、誠実な態度そのものをいう場合とがある、といってよいでしょう。「真面目な顔をして話す。」などが、その前者の用例であり、「真面目に働くようになった。」などは、後者の例といえましょう。

この言葉、近世のある時期以降にしか用例がなく、それ以前に溯《さかのぼ》ることはできないようです。そんなに、古い歴史ある言葉ではないようです。そうであるにもかかわらず、その語源など、よくわかりません。「正《まさ》しき目」などといっても、それがどう音転したものか、きちんと辿《たど》ることはできません。むしろ、「まじまじと見る。」などの、「まじまじと」という副詞、そのまじに「目」を結びつけたと見てしまったほうが、可能性としてもありそうに思えてくるのです。

近世の洒落《しゃれ》本や滑稽《こっけい》本、また浄瑠璃《じょうるり》等々、「まじめに」「まじめな」が確実に存在する文献を通しての整理が待たれます。その整理の一つには、漢字表記の実態を把握することが挙げられましょう。「老実」や「目静」など、そして、「真面目」に落ち着く過程については、いっそうの追跡が必要でしょう。

まじめの成立を、仮にまじまじと見る目としたとしても、「真面目」が直ちに結びつくとは思えません。「真面目」は、「真面目《しんめんもく》」として、「何か真面目《しんめんもく》になって謀《たばか》るぜ」（滑稽本・七偏人・初・下）などの用例が見られました。その「真面目」の「真面」には「まじまじと」の「まじ」が自然と重なりそうです。意味の合流も、十分に考えられてきそうに思えます。

最近、若者言葉として、「まじ」だけでいう傾向が見られます。早くしないと、「真面目《まじめ》だ」の成立、いよいよわからなくなりそうです。

真似（まね）

他のものに動作や姿を似せることを、「真似《まね》」といいます。「人真似」「物真似」、また「真似ごと」などの複合名詞として、一方では「真似する」という動詞としても用いられます。さらに、「真似る」という動詞もありまして、古く、古典語としての言い切りは、「真《ま》似ぬ」となるでしょう。「学《まね》ぶ」という動詞は、いっそう古く、これが、一般には、「真似」との関係が濃いものとされてきています。そして、その「学《まね》ぶ」が「学《まな》ぶ」と同源とされることは、直ちに感じとれましょう。

そのように、名詞「真似」は、動詞「真似る」（古典語形「真《ま》似ぬ」「学《まね》ぶ（＝古典語）」「学《まな》ぶ（＝古典語・現代語）」と、相互に関係あるものといえます。ただ、それら四語は、どちらがどちらを派生させたかなど、そういう関係がはっきりしません。関係あるということが感じとれるという程度の説明しかできません。

「膾《なます》を切る効《まね》を為《な》し」（日本霊異記《にほんりょういき》・中）とあります「効《まね》」、その「効」という漢字を、「効 マネク」（類聚名義抄《るいじゅみょうぎしょう》・僧中）と読ませてもいます。「詳《イツハ》リテ身有ル為《マネ》シ」（史記・呂后《りょこう》本紀〈延久五年点〉）や「為 マネ」（易林本《えきりんぼん》節用集）など、「為」を、そう読ませもしました。「真似 マネ」（文明本節用集）以降、『節用集』の何本かが、この表記を採用しています。

まねそのものが、接頭語まに、似る意のにが付いて、そのまにがまねに転じたものであるならば、「真似《まね》」は、決して宛字《あてじ》ではない、ということになりましょう。まねはまにである、と思わせる話が、『日本書紀』にあります。応神天皇の御代、武内宿禰《たけのうちのすくね》によく似た人がいました。宿禰が無実の罪で悩んでいることを知ったこの人、真根子《まねこ》は、身代わりに死にます。似ているから真根子だったのです。

澪標（みおつくし）

『源氏物語』に、「澪《みお》標《つくし》」という巻名があります。源氏二十八歳からの一年で、源氏が明石《あかし》から帰京します。その後、姫君、後の明石の中宮が誕生します。どうしてそう呼ばれるかというと、住吉詣《すみよしもう》での折、源氏と明石の君との贈答歌の中に、それぞれ、その「みをつくし」が詠み込まれていたからです。

その明石の君の答えた歌は、「数ならでなにはのこともかひなきになどみをつくし思ひそめけむ」でした。人数《ひとかず》にも入らないわが身で、何の生きがいもない私なのに、どうして身を尽くしてあなたを思いはじめたのでしょうか、というのです。その「みをつくし」には、そのように身を尽くしという意味のほか、澪標という、水脈を知らせる杭《くい》の意が感じとれるようになっています。いわゆる掛詞《かけことば》です。

水脈のことを、古く、みをといいました。その下に、「の」という意味に当たるつという助詞がつき、さらに、杭を意味するくしがついて一語となっているのです。この言葉、いっそう古く、『万葉集』などにも詠まれています。海や川に立て、通行する船に水路を示す杭、それが澪標だったのです。「澪」の呉音はリョウ、漢音はレイ、水脈を意味します。「標」は、音ヒョウ、しるしという意味です。したがって、つに相当する漢字はありませんが、そのつが二つの名詞を繋《つな》いでいるといえましょう。「澪標　ミヲツクシ」（色葉字類抄）と、はっきりそう表記するのは、その中古の末期からということでしょうか。

古くなりますが、ＮＨＫのテレビドラマ「澪つくし」が思い出されます。千葉県の銚子《ちょうし》を舞台にした、お醤油《しょうゆ》屋さんの話でした。沢口靖子さんのデビュー作品でした。

鳩尾（みずおち）

上腹部中央で、胸骨が逆V字形に接合している部分の、そのすぐ下のくぼんだ所を、「鳩尾《みずおち》」といいます。今では、そのずの音がぞに転じて、みぞおちという人のほうが多くなってきていましょうか。もちろん、もともとは、みずおちです。

水が落ちる所を、そのまま一語の名詞とした言葉が、「水落ち」です。ただ、現代語としては、用いられません。古典語としても、一定の市民権を得るにまで至っているかどうか、危ぶまれるような存在です。「はらの池のいりの水おちふしつけてたもさす朝ぞ氷りそめぬる」（夫木《ふぼく》集・三）という歌の中に用いられていますが、水の落ちる所をそう呼んだものです。そこの土や石は、おのずから窪《くぼ》んでいるでしょう。

その「水落ち」に、ちょうど相当するような形に感じとれるのが、鳩尾《きゅうび》です。「鳩尾《キウビ》」という漢語が本来あって、それに当たる日本語がみづおちだったので、このような文字と読みとの組み合わせになったのです。その胸と腹の間のくぼみを、鳩《はと》のしっぽに見立てたのが、古い時代の中国の人たちだったということになります。

方言としてですが、青森県・岩手県・宮城県・秋田県・群馬県、また、九州の、長崎県・大分《おおいた》県・鹿児島《かごしま》県などでは、みずおとしともいうそうです。「水落とし」という言葉もありますが、これは、必ずしも「水落ち」と同じということではなく、水を導いて流す管や樋《とい》のことなのです。もちろん、水が落ちた土や石が窪んでいることは、同じでしょう。

漢語としては、その「鳩尾」のほかに、「心窩《しんか》」があります。胸のくぼみということで、そのものを直截《ちょくさい》的にいった言葉です。

晦日（みそか）

最近は、ローンの制度はよく行きわたりましたが、晦日《みそか》勘定《かんじょう》とか晦日払いとかいうことはなくなってきていようかと思います。その月の末まで支払いを待ってもらって買い物することを、そういいました。その「晦日」、その月の最後の日を指していいますから、大の月は三十一日、小の月は二月を除いて三十日ということになります。二月は二十八日で終わる年と二十九日で終わる年とがありますが、その月については月の最後の日であっても、そうはいわないようです。

しかし、その晦日、意味は三十日ですから、二月はもちろん、大の月も、新暦では該当しないことになりましょう。三十日は、「三」がみ、「十」がそ、「日」がかと読まれます。「三」《み》は、そのままでわかりましょう。「十」《そ》は、「八十」《やそ》のそと同じで十を意味します。「日」《か》は日《ひ》を意味し、「二《ふつ》日《か》」「三日《みか》」の日《か》です。

したがって、本来は、「三十日」と書いてよいわけですし、そう書かれてもきました。「晦」は、音カイ、歴史的仮名遣いでクヮイ、くらい意です。陰暦では、月の出で日を数えるわけですから、その三十日には月光がなくなるもので、この漢字が採用されたのでしょう。

ただ、この「晦」は、中古・中世とも、「つごもり」と読まれても、「みそか」とは読まれませんでした。「つごもり」は「月《つき》籠《ごも》り」が転じたもので、長く、月末を意味する言葉として用いられてきました。近世のある段階から、「晦日《みそか》」がそれに代わってきたようです。樋口一葉《ひぐちいちよう》の小説「大つごもり」は、十二月三十一日を意味する題名です。今では、その日を大晦日《おおみそか》といっています。

土産（みやげ）

旅行先から買って帰る、その土地の名産品などをいう一方で、人の家を訪問するとき持っていく贈り物についても、同じ「土産《みやげ》」という言葉でいいます。前者は家人に持ち帰るものであり、後者は他家の他人に贈るという点で、そのように対象を異にします。

その土産の語源については、「都笥《みやこけ》」説が、諸家によって広く行われてきました。官倉《みやけ》から都へ持って上ったからだなどとも、加えていわれました。笥《け》とは容器のことで、それに入れて持ってきたのだ、とまでいわれました。しかし、みやげに先行してみあげという言葉があって、同じ意味で用いられていたことが見えてきたのです。

いま、みやげに当てられる「土産」は、本来、「土産《トサン》」と音読する漢語でした。漢籍の中では土地の産物を意味するだけでしたが、中世の日本人は、この言葉を、今のみやげの意味で用いています。「土産 トサン」（文明本節用集）など、『節用集』は、こぞって、この言葉を載せてくれてあります。そして、併せて、「土産 ミヤゲ」（易林《えきりん》本節用集）を収録してくれてあるものもありました。

みあげが、その後、みやげになるのは、母音が重なるのを嫌ってのことでしょうか。そのみあげ、「Miagueuo suru : 贈り物をする。また送る」（日葡《にっぽ》辞書）というように、「みあげをする」といいました。何やら、「御《み》上げ」のようにも思えてしまいます。

実は、みあげについては、みやげをそう聞きとってしまったとする考えも強いのです。そういうわけで、みやげの語源、今のところ、掴《つか》めていません。はっきりしているのは、「土産」と当てるようになった経緯だけです。

夫婦（めおと）

夫婦《ふうふ》のことを、「夫婦《めおと》」ともいいます。そして、「夫婦盃《さかずき》」「夫婦茶碗《ちゃわん》」「夫婦仲」「夫婦松」など、「夫婦」をめおとと読んで冠する熟語が多いことにも気づきましょう。もちろん、「夫婦《ふうふ》」と音読みする「夫婦喧嘩《げんか》」「夫婦気取り」のような熟語もあります。そして、「夫婦盃」「夫婦仲」は、どちらでも読めましょう。

「夫婦《めおと》」は、歴史的仮名遣いではめをと、そのめは妻、をとは「をっと」「をひと」で夫を意味します。実際、「Meuotto」（日葡《にっぽ》辞書）とありまして、そのように、促音を入れて発音していました。しかも、「夫婦 メヲット」（運歩色葉集）のように、漢字と読みとを一致させる表記のものもありました。「婦夫 メヲト」（書言字考節用集）も、促音は入っていなくても、漢字の配列は同じです。

現代語としては、もはや、「夫婦《ふうふ》」以外ないといっていいところに来ていましょう。「夫婦《めおと》」は、今では熟字の中に残っているという状態ですが、それは、そう遠くないある時代から、「婦夫」を廃して「夫婦」へと、その漢字表記が移ってきたからと見てよいようです。

日本では、その「婦夫《めをと》」、さらに「婦夫」に先立つ「妹背《いもせ》」もまた、女性を先に位置させて複合語を構成していました。「妹」が女性で、「背」が男性です。しかし、中国から入ってきた男女の関係は、「夫婦」でした。四書五経の中にも数多く出てくる、それほど古くから定着している関係でした。

中世のある時期から近世にかけて用いられためをと、その漢字表記は、漢語の「夫婦《フウフ》」の前に敗退してしまいました。女性を尊重する姿勢は、こうして消えてしまったわけですが、それでも日本古来の男女のあり方は、訓みの中に姿をとどめていたのです。

眼鏡（めがね）

『話の大事典』によると、後奈良《ごなら》天皇の御代、天竺《てんじく》（インド）の人が周《す》防《おう》の山口に渡来、眼鏡《めがね》と望遠鏡を国主大内義隆《おおうちよしたか》に献じたとあります。ついで、長崎の人浜田弥兵衛《はまだやひょうえ》が南蛮国に渡航して、その製造法を習い、帰朝後、生島藤七《いくじまとうしち》に伝え、藤七が工夫して遠眼鏡や虫眼鏡まで製出、普及したもののようです。

そこで、その、視力を補うために目にかける器具がもたらされて、めがねという言葉が初めて生まれたのか、それとも、それ以前に、何か別義の、しかし似通いもあるめがねなる言葉があって、その言葉を、その器具をいう言葉としても用いるようになったものか、そういうことが知りたくなってきます。『日葡《にっぽ》辞書』が、「Megane：眼鏡」に次いで、「Meganeno aru fito：見る物すべてを非常によく記憶する人」という立項に注目されました。鑑識の能力を越えて、その記憶の能力にまで及んでいる眼鏡だったのです。

『大言海』は、器具の眼鏡に対して、鑑識とその能力ある人をいう眼鏡については、眼の尺度《さしがね》か、としています。そうなると、器具の眼鏡以前に、めがねという言葉があった可能性も見えてきます。『日葡辞書』が、「Meganeno aru fito」を、単なる用例としなかった理由もはっきりしてきましょう。

「靉靆　メガネ　…眼鏡　同」（書言字考節用集）は、この言葉を辞書に載せた最初のものかと思います。「靉靆《アイタイ》」は、雲の盛んにたなびくさま、また雲が太陽を覆うさまなどを意味するほか、眼鏡の異称でもありました。

「眼鏡が狂う。」とか「眼鏡に叶《かな》う。」とか、いいます。物を見分ける力をいう眼鏡です。ただ、その眼鏡が、器具を意味しないことは明らかですので、漢字表記に抵抗を覚えませんでしょうか。

猛者（もさ）

最近の柔道選手は、みんな身だしなみもよく、かつてのように、朴歯《ほおば》の高下駄《たかげた》に汚れ手拭《てぬぐ》いをぶら下げてという人は、見かけなくなりました。でも、厳しい稽古《けいこ》を重ねて、首の太い独特の体つきの人、これこそ「猛者《もさ》」という感じの人、時に見ることがありましょう。大きなバッグを持って、自然そうなるガニ股《また》で歩いています。

「猛者」をモサと読ませる例は、あの総ルビをもって知られる馬琴《ばきん》の作品の中に見ることができます。「全広《ぜんくわう》とやらんいふ猛者《もさ》、南風原《はへばる》を攻《せめ》んとて、軍兵《ぐんぴやう》を出《いだ》したるに」（椿説弓張月《ちんせつゆみはりづき》・拾遺二）です。この全広、勇敢で気力すぐれていましたが、でも、体格がよくて恐《こわ》そうな風貌であったかどうかはわかりません。

実は、耽美《たんび》の佳調と評される詩人の作品中に、「旅より帰る恋の猛者《もさ》俘《とりこ》を袖《そで》にかくまひぬ」（河井《かわい》酔茗《すいめい》『塔影』）とあるのを知って、さらに、その猛者の印象が違うもののように思えてきてしまったのです。「恋の猛者」「恋の猛者」と呟《つぶや》いてみても、どうもよく見えてきません。ただ、柔道部や相撲《すもう》部ではないようです。

猛者がモサと読まれる前はどうだったかというと、モウザ、いや、歴史的仮名遣いで、マウザでした。文字どおり勇猛な人を意味するのはもちろん、富裕で威勢のよい人をもいいました。「板東《ばんどう》のまうざなりせば、かくは致さざらまし。」（続古事談・五）は、後者の例でしょう。

マウザのザは、ジャの直音表記です。連濁でザとなったもので、本来はサです。マウがオ段の長音に化したモウを経て、短縮化した、その段階で、ザが清音に戻ってしまった、そう見てよいのでしょうか。そして、モサの印象も、少しずつ変わってきているようです。

百舌（もず）

「百舌《もず》」というと、性質の荒い小鳥だと、そういえましょう。雀《すずめ》よりちょっと大きく、尾が長く、昆虫や蜥蜴《とかげ》・また蛙《かえる》なども食べます。そして、その捕らえた獲物《えもの》を木の枝に突きさす習性があります。それが、百舌の速贄《はやにえ》です。秋には、キイーキイーと鋭く鳴きます。それが、百舌の高鳴きです。

そのように鳴く鳴き声が、次々と変わるというか、いろいろな鳴き声を真似するところから、そこで、「百舌」という字を当てるようになったようです。舌は、いうならば音声器官ですから、そこに注目したのでしょう。舌が百枚もある、などということではありません。

「秋の野の尾花が末《うれ》に鳴く百舌鳥《もず》の声聞くらむか片聞け吾妹《わぎも》」（万葉集・二一六七）とありますように、その原文に早くも「百舌鳥」という表記を見るのです。ただ、辞書は、「伯労 毛受」（新撰字鏡《しんせんじきょう》）や「鵙… 毛受 …伯労なり。日本紀私記には百舌鳥と云ふ」（和名抄・一）など、「伯労」や「鵙」で立項してあります。中国では、ハクラウと鳴く、その声を当てたのでしょう。一字で表す鳥名としては、鵙《げき》ということになります。そういうわけで、百舌や百舌鳥は、日本でそう当てたということになります。

もずのもは、その鳴き声かといわれます。ずはすで、「からす」「うぐひす」など、古くからある鳥名にはそのすが付いているところから、鳥を意味するものと考えられます。幸田露伴《こうだろはん》『音幻論』なども、そういう考えをしています。

秋は人里に近づく百舌ですが、春になると、山に移ってしまいます。それを、「百舌の草潜《くさぐき》」といいました。「頼めこし野辺の道芝夏深しいづくなるらむ百舌の草ぐき」（千載集・恋三）などと詠まれています。

望月（もちづき）

陰暦十五夜の月、その月は、満月です。それを、古くは、「望月《もちづき》」といいました。姓氏ともなっています。長野県には、そういう町名もあります。

この言葉、古くに、「春花の貴《たふと》からむと望月の満《たたは》しけむと…」（万葉集・一六七）というように、つまり、「望月」という正訓表記をもって現れていました。古辞書にも、「望月　釈明に望月と云《い》ふ　和名毛知都岐　月の大なるは十六日、小なるは十五日に、日は東に在り、月は西のかた遥かに相望むに在るなり」（和名抄・一）とあって、もちつきと読めることは決定的です。後人の増補があるとされる別系統の本には「望月　和名毛知豆岐」（十巻本和名抄・一）とあって、もちづきとも読まれて現在に至っているわけです。

その「望」の字が満月を意味することは、中国伝来のものです。陰暦で、大の月は十六日、小の月は十五日が、それに当たります。現代では、望は、「のぞむ（のぞみ）」の訓をしか認めないでしょうが、古くは、もちのほか、みつまでがありました。望の本字は朢で、意符の「月（つき）」と、音符の「𦣞（みちる意のちに𡈼）」とから成る字ですからして、それは、当然のことでした。

「望《もち》」を冠した複合語、といいましても、古典語ですが、「望粥《もちがゆ》」「望潮《もちしほ》」などがあります。望粥は、望の日、特に正月十五日に食べる小豆粥《あずきがゆ》、望潮は、十五夜の日の満ち潮、ということです。そのもち、「満ち」がそう転じたものと見るのが大方のようです。みちづきかと見るのです。

『万葉集』には、「望月」のほか、「十五夜」（万葉集・三三四）とも「三五月」（同・一九六）ともあって、いずれももちづきと読まれます。「三五」は「十五」の因数で、「三五明月満つ」（文選《もんぜん》・古詩十九首）など、漢籍によるものです。

最中（もなか）

和菓子の「最中《もなか》」、餅米《もちごめ》で薄く丸く焼いた皮二片を合わせて餡《あん》を詰めた最中、最中というと、今では、その最中だけでしょう。しかし、その最中も、形が円形で「最中の月」に似ているところからそう呼ばれるようになったもので、先行する最中があったのです。その最中の月とは、もちろん、陰暦十五夜の望月のことです。

もなかの本来の意味は、事物や事柄の中心、つまり、まんなか、ということです。「今宵《こよひ》ぞ秋のもなかなりける」（拾遺集・秋）は、今晩は秋の盛りだった、といっているのです。そういうわけで、「真中《まなか》」がもなかに転じたものだ、と見られています。

その「真《ま》」は、接頭語として、「真心」「真北」「真顔」「真新しい」など、多くの例を見ます。続く語の発音によって、「真っ赤」「真っ盛り」のように促音が入ったり、「真ん中」のように撥音《はつおん》が入ってしまうこともあります。

いずれにしても、「最中」は、「真中」がそのように転じたものでした。そのまなかは、中古・中世の文献中に存在します。したがって、一方では「最中」に、一方では「真ん中」になっていったといえましょう。

もなかに転じた段階で、この「最」の字が採用されることになったのでしょうか。「最中 モナカ」（文明本節用集）をはじめ、多くの『節用集』がこの語を登載しています。それほどに、その読みを示したかったのでしょうか。一方、「最中」と書いても、「最中《さいちゅう》」は和製漢語で、これまた『節用集』の類が多く立項しています。

最寄り駅の「最寄り」、「もはや手遅れだ。」の「最速《もはや》」、「最」をもと読ませる点で、これまた関わりあるものといえましょう。

物の怪（もののけ）

映画「もののけ姫」は、荒《あら》ぶる神々と人間の戦いを描いたアニメーションとして、大勢の観客を動員しました。あの映画では、太古からの自然神が、神を畏《おそ》れぬ人間どもによって祟《たた》り神へと変身していく、その代弁者として、そのもののけが存在しています。単に妖怪《ようかい》などと言い換えては、大きな誤解を与えることになってしまいましょう。

そのもののけ、古典作品、特に『源氏物語』の中などでは、「物の怪」と書かれて登場してきます。人にとりついて悩ます死霊《しりょう》・生霊《いきりょう》の類です。その『源氏物語』でいいますと、あの六条の御息所《みやすんどころ》という女性が、嫉妬《しっと》のあまり、源氏の愛人夕顔や正妻の葵《あおい》の上をとり殺すことになりますが、そのとりつく生霊、それが、物の怪と呼ばれるものです。

いうならば、祟りをするような存在です。「物の怪」の「物」は、超自然的な存在を意味するようで、究極的には霊魂をいうことになりましょう。「怪《け》」のけは、本来は「気」で、気配《けはい》の意でした。そこで、得体の知れない、ある気配が感じられてきましょう。

けが「気」であるのに、どうして「怪」と書くのでしょうか。怪の音は、漢音はカイ（クヮイ）ですが、呉音はケでした。今でも、「勿怪《もっけ》の幸い」などという「勿怪」の「怪」も、そのケの音を借りて当てたものです。「気」でよいのに「怪」を当てたのは、死霊・生霊の妖怪性を感じたからでしょうか。

現在は、こうして物の怪と書きますが、古辞書の類には、「鬼気 モノノケ」（文明本節用集）とあって、「気」でした。『大言海』も、その漢字表記は、「物気・物怪」でした。今は、どの辞典も、【物の怪・物の気】となっています。

紅葉（もみじ）

いま、「紅葉《もみじ》」というと、楓《かえで》の葉、また楓そのものをいうほうが多いのではないでしょうか。もちろん、「秋山の紅葉」などといったときは、広く草木の葉が色づいたさまをいうことになりましょうが、それについてはむしろ、漢語「紅葉《こうよう》」を用いる傾向もあるように感じます。

もみじは、歴史的仮名遣いですと、もみぢです。古く上代にあっては、そのぢは清音で、もみちでした。そればかりでなく、その前身は、言い切りが「もみつ」となる動詞でした。「もみちず」というと、色づかないということであり、「もみつれば」となると、色づくのでということでした。その「もみつ」の連用形もみちが名詞化して、それが現在に残っているのです。

上代、ちが清音であったことは、万葉仮名で「毛美知」（万葉集・三七一六）などと書かれているところから、そういえるのです。それが、中古末期成立の古辞書の「葉」の項には「黄ー モミヂバ 紅ー同」（類聚名義抄《るいじゅみょうぎしょう》・僧上）とあるのです。草冠の字が続いているところで、ここの「ー」は、「葉」の重出を避けたものです。そこに、濁音符がはっきり確認できます。

もみじ、もみぢ、もみちは、「黄葉」とも「紅葉」とも書かれます。そこで、再び『万葉集』を見ますと、万葉仮名表記もありましたが、表意表記としての「黄葉」が多かったのです。その「黄葉」は、古代中国の詩文の語彙の借用だったのです。大陸の地では、黄色に色づくほうが、どうも多いようです。日本でも、黄色くもなりますが、その後、表記としては「紅葉」がもっぱらとなったのでした。そして、さらに、蛙《かえる》の手に似た「蛙手《かへるで》」が変化した「楓《かへで》」に限っていうようになるのは、その色づき方が鮮やかだったからでしょう。

木綿（もめん）

「木綿《もめん》」とは、ワタの蒴果《さっか》内にあって種子の周囲に生ずる白くて柔らかな綿毛のことで、いわゆるきわたのことです。綿花《めんか》のことです。一般には、その綿花をつむいで作った木綿糸の略称、また、その木綿糸で織った木綿織りの略称、それら略称として用いることのほうが多いでしょう。

もともと、日本にワタはありませんでした。延暦十八年（七九九年）七月、「一人有り、小船に乗り参河《みかは》の国に漂着し、布を以《もっ》て背を覆ひ…」（日本後紀）とありまして、天竺人《てんじくじん》、つまりインド人がもたらしたとしています。その後絶えたと思われ、「敷島《しきしま》のやまとにはあらぬから人《びと》のうゑてし綿の種は絶えにき」（夫木集《ふぼくしゅう》・一三〇四五）と詠まれています。そこで、再び、恐らくは西域から伝来したのでしょう。

「木綿《もめん》」という言葉も「木綿《きわた》」という言葉も、ほぼ同じころに現れますが、「木綿《もめん》」のほうを多く見るようです。「Momen」（ロドリゲス日本大文典）や「木綿　モメン　木名なり　…亦衣類なり」（元和《げんな》本下学集）などと載っています。一方、「Qiuata：綿花」（日葡《にっぽ》辞書）や「木綿　キワタ」（天正本節用集）とも見られます。ただ、「Momen：木綿。綿布」（日葡辞書）とも「木綿　モメン」（天正本節用集）ともあるのです。あるいは、これらの言葉が用いられはじめた当初から、「木綿《もめん》」は衣類をいう場合に、「木綿《きわた》」は植物をいう場合にと、使い分けがなされていたのでしょうか。

「木綿《もめん》」は、「木綿《もくめん》」でしょう。その「く」が、直ちに、いわゆる無声化現象を起こしたのでしょうか。その「く」は、普通の「く」とは違って、母音の部分がないといってよいでしょう。呉音の「木《もく》」には、多く現れます。

「木《もく》」をもと読ませる例として、「木工《もく》」があります。「木《もく》」の「く」の無声化です。

八百屋（やおや）

野菜などを売る店、また、その人を、「八百屋《やおや》」といいます。比喩《ひゆ》として用いて、雑学の人をそう呼んだりもしました。

古くは、その八百屋のことを、青物屋といいました。野菜は青いので、青物と呼んだからで、おおまかにいって、江戸時代のことです。「須田《すだ》町・瀬戸物町の青物屋におろし売り」（日本永代蔵・三・二）などとあります。その「青物屋」が中略されて、「青屋」となりました。その青屋が、言いやすいように音転して、やおやとなりました。あをやが、当初からあおやという発音となっていて、それがやおやになったのです。あるいは、「青屋」と書いて、そう読んだ時期もあったかとも思います。そして、その発音が定着すると、「八百会《やほあ》ひ」とか「八百万《やほよろづ》」とかいう、長い歴史を持つ「八百」が、いつか結びつくことになったのでしょう。野菜の種類は多く、店頭の状況とまさに一致したところもありましょう。八百屋お七《しち》は、江戸は本郷《ほんごう》の八百屋の娘です。江戸前期に、早くも、そういう呼び方が、青屋以上に広まっていたようです。

八百屋の長兵衛《ちょうべえ》という人が、ある相撲《すもう》の年寄《としより》とよく碁《ご》をうち、勝てる腕前を持ちながら、取り入るために一勝一敗となるよう細工したそうです。それが、八百長《やおちょう》の語源です。明治の二十年代から行われた言葉のようです。

『常用漢字表付表』にこの「八百屋」が入るのは、「百」をおと読ませるからです。「百《ほ》」は、単独では用いられず、何百というときに限って用いられます。「五百重波《いほへなみ》」（万葉集・二四三七）などが、その例です。そのようなハ行の音は、語中語尾にあるとき、ワ行音と同じになり、やがて、ワ以外はア行音と同じになりました。その結果、いまおと読んでいるのです。

山羊（やぎ）

今でも、郊外の土手に、とりわけて緑草豊かな土手に、二本の角と白い顎鬚《あごひげ》の家畜、見かけませんでしょうか。もっとも、この鬚が生えているほうは雄《おす》でして、滋養に富む乳が搾れるのは、鬚のない雌《めす》のほうです。第二次大戦直後には、その乳を目的に飼っていたお宅もあったかと思います。

「山羊《やぎ》」は、江戸時代の初めに、中国から渡ってきたかとされています。中国語で、羊《ひつじ》のことをyangといいます。それが、日本人の言葉としては、ヤギになったと見られています。それを、李朝《りちょう》時代の朝鮮語からだとする考えもあるようですが、いずれにしても、外来語音、しかも中国語に基づく外来語音が、そのように転じて残ったものと見る点については変わりありません。

近世には、発音と、意味にも少し関連づけて、「野其《やぎ》」と書かれたり、「野牛《やぎ》」と書かれたりもしていました。そこで、『大言海』は、「野牛」が訛《なま》ったものかなどともしています。yangを野牛と当てた、その野牛が訛ってヤギになったという理解でしょうか。そして、そこの漢字表記は、「野羊」でした。

外来語「山羊《やぎ》」は、「山羊乳《やぎにゅう》」という、伝来を異にする中国語の組み合わせや、「山羊鬚《やぎひげ》」という、和語との組み合わせなど、そういう混種語として定着しています。「山羊座」という星座名、原名は何なのでしょうか。

「山羊の乳と山椒《さんしょう》のしめりまじりたるそよ風吹いて夏は来《きた》りぬ」（北原白秋『桐《きり》の花』）という歌、そういう環境の中で夏を迎えたいと思います。そして、その第五番目の一群を「羊の歌」と名づける、中原中也《なかはらちゅうや》の詩集『山羊の歌』、今でも若者の心を捉《とら》えて離さないでしょう。

香具師（やし）

祭礼や縁日などの人出の多い所で、路上で見せ物を興行したり、粗製の商品を言葉巧みに売ったりする人のことを、「香具師《やし》」といいます。露店商の場所割りやその世話をする人についても、そういうことがあります。フーテンの寅《とら》さん、あの渥美清《あつみきよし》が演じた車寅次郎《くるまとらじろう》の職業です。あの口上の魅力、なくてもいいものをつい買わされてしまった、そういう苦《にが》い思い出のある人も多いと思います。

古くは、「野士」とも「野師」とも書かれています。隠密《おんみつ》をつとめながら、薬の行商をして歩く、歩き医者の徒が、後に、居合い抜きや独楽《こま》回しなど、遊芸を行ったりもし、やがて、商品を売る露店商ともなっていったもののようです。『話の大事典』は、源頼朝《みなもとのよりとも》の時から始まったといっています。

そこには、享保《きょうほ》二十年（一七三五）の、江戸香具師の首頭であった村富庄兵衛《むらとみしょうべえ》という人の答中書が引用されています。その中に、職祖に当たる長野録郎高友が医道の門弟を香具職と唱えたと書いてあります。薬と香具、つまり、薫《た》き物《もの》を売っていたので、そこで、「香具師」と書くことになったのでしょう。

しかし、それよりも早く、その一方、「野士」とも「野師」とも書かれていました。野武士が生活のために売薬を兼ねていたからとも考えられます。「矢師」とか「弥四《やし》」とかも書かれています。弥四については、『大言海』までが、売薬行商の元祖が弥四郎という人だったからとしています。語源不明のやしが、商品との関係から、「香具師」と当てられたのです。

香具師のことを、的屋《てきや》ともいいます。客をうまく言いくるめて商品を買わせ、矢が的に当たるような大儲《おおもう》けを狙《ねら》うところから、そういわれるようになったといわれています。

流鏑馬（やぶさめ）

鎌倉《かまくら》の鶴岡八幡宮《つるがおかはちまんぐう》は、九月十五日が、その例大祭です。その翌日の十六日には、「流鏑馬《やぶさめ》」の神事が行われます。馬で走りながら、次々にそういう奉納行事として、今でも毎年行われているのです。矢は鏑矢《かぶらや》を用い、的は各人が三的を射ることになっています。菱形《ひしがた》の板の的を射ていく競技です。

もともとは、騎射戦の練習として行われたものでしょう。それが儀式的なものとなって、神事とまでなったのでしょう。その起源は、白河院《しらかわ》が鳥羽殿《とば》の馬場でご覧になった、その騎射戦の練習に始まるようです。『中右記』という記録に、そう書いてあります。

この競技、鎌倉時代には、武士的遊戯の最も理想的なものとして、武人に喜ばれたものと見られます。室町《むろまち》時代にはかつてほどではなくなったようですが、「Yabusameuo iru：馬に乗って走りながらその的を射る」（日葡《にっぽ》辞書）などと登載されています。江戸時代、八代将軍徳川吉宗《よしむね》がこれを中興したと、日置昌一《ひおきしょういち》『話の大事典』は述べています。

この言葉、初出の『中右記』以来、「流鏑馬」と書かれてきました。辞書も、「流鏑馬 ヤフサメ」（色葉字類抄）をはじめ、『下学集』や『節用集』の類も、その「流鏑馬」か、「流鏑」です。「流鏑《ルテキ》」そのものは、漢籍にあって、矢を射ることを意味します。それに「馬」を付けたりして、やぶさめに当てたのでしょうか。鏑矢を流すように射る馬とでも理解されたのでしょうか。漢語「流鏑」がどの程度意識されていたか、わかりません。

やぶさめは、「矢馳《やは》せ馬《むま》」かなどと見られています。やがて、やばせめとなり、やばさめ、やぶさめとなったのでしょうか。

有職故実(ゆうそくこじつ)

「有職故実《ゆうそくこじつ》に詳しい。」などといっても、それは、単に昔の儀式やしきたりに精通していることをいうのであって、本来の意味で使うことは、もはやないといっていいでしょう。古文の時間に学習した、遠い記憶の向こうの言葉を用いて、いかにも古めかしい感じを出そうとする気持ちが、そうさせるのでしょう。

その「有職故実」とは、本来、朝廷や武家の古来の法令・儀式・風俗などを研究する学問をさしていう言葉でした。あの兼好法師も、「ありたき事は、まことしき文《ふみ》の道、作文《さくもん》・和歌・管絃《くわんげん》の道、又有職《いうそく》に公事《くじ》の方、人の鏡ならんこそいみじかるべけれ。」(徒然草《つれづれぐさ》・一)といっています。そういう勉強をして、人の手本になれたらすばらしい、といっているのです。

歴史的仮名遣いで書くと、既に紹介したとおり、いうそくです。そのいうは、その後、ゆうと発音されるようになり、現代仮名遣いではそう書かれるようになりました。漢字表記も、古くは「有識」で、その「識」は知識の意でした。つまり、この言葉は、本来、学問に精通している博識者をいったのです。それが、さきの『徒然草』の中の例のように、「有識故実」の意味になっていっていたのです。

中古の仮名文章の中ではいうそくと書かれましたが、いうしょくのほうが正しい発音とされていたろうと思われます。仮名書きの和文では拗音《ようおん》を直音化して表記していたでしょうが、外来語を尊重する姿勢からは、「いうしょく」こそが正しいことになるからです。しかし、現代にあっては、古典の文章の中の書き方に従って読むことが定着して、かえって「いうそく」のほうに重々しさが感じられることになりましょう。

所以（ゆえん）

少々古めかしい感じがするとは思いながらも、ちょっと改まった物言いや文章に用いてしまう言葉の中に、この「所以《ゆえん》」という言葉も入れていいでしょう。その意味は、伝統的な、理由・いわれのほか、手段、また、根拠の意にも及んでいます。そのように、ある意味では、現代語として、いっそう盛んに用いられているといってもよいようです。もちろん、圧倒的に多いのは、伝統的な意味で用いられる用例です。「ゲエテが普遍的な所以は、彼がすぐれて国民的であつたがためだ。」（小林秀雄《こばやしひでお》『様々なる意匠』）など、その例といえましょう。とりわけて、その「…所以は、…ためだ。」という構文から、「所以」の意味がよく見える例となっています。

手段の意は、派生義ではありましょうが、「耳は聴く所以なり。」など、文語調の決まり文句の中に見られます。一方、「彼《かれ》の人のよさが彼の彼たる所以だ。」などとなると、拠《よ》り所・根拠といった意味となりましょうか。

そういう「所以」ですが、「石に漱《くちすす》ぐ所以は、其《そ》の歯を礪《みが》かんと欲するなり。」（世説新語）など、その昔、漢文で出会っていたかと思います。そのように、この言葉は、漢文訓読の世界で用いられてきたものだったのです。

その「所以」は、歴史的仮名遣いで書くと、ゆゑんです。そのゆゑんは、「故《ゆゑ》に」のにが撥音化《はつおんか》したものです。ただ、「故に」のままでは接続詞であって、直ちにそうなったとは思えません。「…故になり。」という、理由を述べる文の文末に用いられた結果として、そうなったものと考えられています。

以上、古代中国の「所以」、それが現在、ゆえんと読まれる所以を述べてみました。

浴衣（ゆかた）

下町の夏の夕刻、しかも、その日が縁日などですと、浴衣《ゆかた》がけで夜店をひやかして歩くなどというのが、何よりの風物ということになりましょう。その「浴衣」ですが、別に、水を浴びるわけでも湯を浴びるわけでもありませんのに、「浴」という字がついています。それに、「ゆかた」とはどんな意味なのか、どうして「浴衣」という漢字と結びつくのか、気になってくるところです。

今でこそ、そのように、浴衣を着て外を歩きますが、本来は、「湯帷子《ゆかたびら》」といって、入浴の時に着用する麻の単《ひとえ》だったのです。入浴後は、その垢《あか》のついた湯帷子を脱いで、別の衣服に着換えたのでしょう。その着換えの際に、足許《あしもと》に敷いたのが風呂敷《ふろしき》でした。脱いだ湯帷子を包んだりしたのが風呂敷でした。

そのように入浴時に着用した湯帷子を、いつか、入浴後も着用するようになっていきました。言葉も下略されて、ゆかたとなっていきました。その結果として、現在の浴衣が存在することになりました。

そこに用いられている漢字にも、また、省略されて残る語形の端にも、本来の意味をうかがうことができます。「浴衣」には、そのように本来の意味が残っています。しかし、用途は変わってしまいました。着用するのが、入浴時でないことはもちろん、入浴後とも限らなくなりました。背広で帰宅後直ちに着換えても、着換えたものが、白地や紺地の木綿の夏の単物《ひとえもの》であるなら、それは、浴衣なのです。

そうではあっても、やはり、湯上がりの素肌に快いのが浴衣です。そんな折、浴衣という言葉と、その歴史を辿《たど》るのも、納涼閑話となりましょうか。

行方（ゆくえ）

「行方《ゆくえ》」という言葉、『常用漢字表付表』に入っています。「方」をえと読ませるからです。「方」は、音ホウ、歴史的仮名遣いハウ、訓かたです。

「方」をえと読む例、この「行方」以外にありません。

その「行方」という言葉、「いさよふ波の行方《ゆくへ》知らずも」（万葉集・二六四）に見るように、上代から存在します。その後も、この言葉、行く方向という基本義を変えることなく、現在に至っています。ただ、時代が下ると、そのへが語尾にあるところから、ワ行に転じて発音されましたので、「向ユクヱ」（類聚名義抄《るいじゅみょうぎしょう》・法下）のように表記されたりもしました。そして、漢字表記も、その「ゑ」に相当する「衛」が採用されて、「行衛なき風雲にさまよふ。」（松尾芭蕉《まつおばしょう》『幻住庵記《げんじゅうあんのき》』）のように現れます。

その「方《え》」は、もと「方《へ》」でした。「行方《ゆくえ》」は、既に引いたように、古典語としては「行方《ゆくへ》」でした。動詞「行く」に、方向を意味する名詞「方《へ》」が付いたと見てよいでしょう。そのへは、あたりを意味する「辺《へ》」とも同一の語で、したがって、「海辺」「岸辺」などの「辺」とも通いましょう。方向を示す格助詞の「へ」も、もとは一つ言葉です。

「行方《ゆくえ》」のえは、そのように「方《へ》」であることが明らかなのですが、一時期、しきりに「行衛《ゆくゑ》」と書かれたものですから、その語源を「行く末」とするものまでが現れました。「末」は歴史的仮名遣いで「すゑ」です。ゑに引かれて、そう感じたのでしょうか。

「行方不明」というように、四字熟語ふうにも用いられます。ただ、「行方」が訓言葉ですので、これはどういったらいいのでしょう。なお、この場合だけ、行った先を意味することになります。

百合（ゆり）

美人の歩く姿に譬《たと》えられる「百合《ゆり》」の花、線形の葉のついた茎に支えられて、清楚《せいそ》であって、かつ優雅です。女性の名前にも多く採用されています。殊に、上に接頭語「小《さ》」を付けた小《さ》百合《ゆり》、女優吉永小百合さんがデビューした年以降、急に増えたとも聞いています。

「道の辺《べ》の草深百合（由利）の花咲《ゑ》みに」（万葉集・二二五七）などと詠まれています。そして、「百合華を献ず。」（日本書紀・皇極天皇三年）のように、古くから、その漢字を当ててもいます。ただ、「白合 由利」（新撰字鏡《しんせんじきよう》）のように書かれていることもあって、単なる誤りなのか、そういう書き方もするのか、そういう問題も残っています。

その百合、ずっとずっと古くは、「さゐ」でした。「其《そ》の河の辺に山由理草多《さは》に在りき。故《かれ》、其の山由理草の名を取りて、佐韋《さゐ》河《がは》と号《なづ》けき。山由理草の本の名は佐韋と云《い》ひき。」（古事記・中）とあるからです。それに代わった百合は、どこから来た言葉なのでしょうか。

『大言海』は、韓語《かんご》から来たか、とする一方で、花が大きく茎が細いので風に揺れるから「ゆる」、つまりゆりなのか、ともいっています。中には、花が大きくて茎が高いから「ゆする」、「ゆすり」、そしてゆりになったとするような、そんな説まであります。とにかく、決定的なものはありません。

「百合《ヒヤクガフ》」という熟語は、「更に乞《こ》ふ両叢《りやうそう》百合を香《かを》らすを　老翁七十にして尚《な》ほ童心あり」（陸游《りくゆう》・窓《そう》前《ぜん》小土山を作り花を執《う》うる詩）と詠まれている漢語です。それが、この植物に相当しますので、和語、あるいは、和語化したゆりと結びついたというわけです。

なお、上代の東国語では、「ゆる」でした。「筑《つく》波《ば》嶺《ね》のさ百合《ゆる》（由流）の花の」（万葉集・四三六九）とあります。東国の人は、そう訛《なま》って発音したということだけでしょうか。

寄席（よせ）

上野の鈴本、新宿の末広亭など、そういう演芸場、東京だけでなく、上方や、また、地方にもあって、相応に賑《にぎ》わっていましょう。正面に高座があり、入口の履物をぬぐ土間、畳敷きの床《ゆか》など、その懐かしいつくりは、上野本牧《ほんもく》亭だけでしたが、それも姿を消して久しくなります。

落語・講談・漫才・浪曲、さらには手品・音曲の類まで、舞台狭しと繰り広げられます。この形態、江戸初期から、辻咄《つじばなし》や講釈などが葦簀《よしず》張りの小屋で行われたのに始まるようです。やがて、咄家《はなしか》の自宅や貸席で行われるようになり、江戸に常設の演芸場ができたのは寛政年間だったとのことです。「寄す」という動詞の連用形「寄せ」、それに「席《せき》」という名詞をつけた複合名詞「寄せ席」の名をもって、その場所は呼ばれました。「寄せ場」という呼び方もしたようです。その「寄せ席」「寄せ場」の下略形が「寄せ」で、「寄席《よせ》」の読みのよせです。言葉としては、そのように「寄せ」となったのですが、漢字表記としては、「寄席」が採用されて続いているのです。その結果として、「寄席」がよせと読まれることになったのです。

「寄席《よせ》」の「寄《よ》」は動詞の語幹部分よと一致し、「席《せ》」が席の音セキのセを連想させるからか、「寄」がよせのよに相当し、「席」がよせのせに相当するかに、思えてきてしまうようです。でも、そうではなくて、言葉としては「寄せ」、表記としては「寄席」ということだったのです。

したがって、「寄せ」と書いてもよいわけなのです。それを「寄席」と書くものですから、表記と読みとが、ずれを生じながらも、不思議な重なりをもってしまったのです。

黄泉（よみ）

人間は、死んだ後、どこへ行くのでしょうか。その行く先を、地下と見る人たち、天上界と考える人たち、また、海の向こうなどとする人たちもいるでしょう。民族や宗教やなどなどから、それぞれに違いがあるようです。

私どもの先祖、古代の日本人は、その、人間の死後、魂の行き着く所を、「よみのくに」と呼んでいました。そのよみとは、闇《やみ》のことで、やみが転じたものだ、などといっています。その他、幾つかの語源説もあるようですが、とにかく暗い所と見ていたようです。

『古事記』の昔から、「黄泉」と書かれて、よみと読まれてきました。この世と、その黄泉の国との間には、その両者が接する黄泉の界《さかい》がありました。「遠つ国　黄泉の界《さかひ》に　…天雲の別れし行けば」（万葉集・一八〇四）と歌われています。

そのように、「黄泉」をよみと読むのは、上代から行われてきています。それは、中国の思想に、古代の日本語を当てたものでした。中国の人にとって、死後行く先は、「黄泉」のほか、「黄墟《こうきょ》」「黄壌《こうじょう》」「黄壚《こうろ》」などともいわれました。

「黄泉」は、もとは地下で湧き出る泉を意味していました。そこから、死後行く地下の世界をもいったのでしょう。「黄泉《くわうせん》の下《もと》相見《あひみ》ん」（古楽府・焦中卿妻《しょうちゅうけいのつま》の為に作る）は、あの世でまた会いましょう、ということでしょう。

上代から、そう書かれ、そう読まれてきた「黄泉《よみ》」ですが、現代語の中にも残っていました。生き返ることを「蘇《よみがえ》る」といいますが、それは「黄泉帰《よみがえ》る」だったのです。死んだ者や死にかけた者が息を吹き返すとは、あの世へ行った者が戻ってくることだからです。

栗鼠（りす）

鼠《ねずみ》に似て、しかし四肢《しし》が長く、尾も長くて、総状《ふさ》をなしている哺乳《ほにゅう》動物、それは「栗鼠《りす》」です。山麓《さんろく》の村などではその足跡が見られると知ったのは、「私はその小さな弟からこれは兎《うさぎ》これは栗鼠《りす》、それからこれは雉子《きじ》と、それらの異様な足跡を一々教へて貰《もら》つてゐた。」（堀辰雄《ほりたつお》『風立ちぬ』）からでした。

栗鼠《りす》は、英語で、sguirrel でした。動植物は仮名書きをする表記の原則もありますところから、リスと書かれたものなど見ますと、何か、外来語のように思えてきてしまいましょう。語頭がリだからなのです。そもそも、純粋の日本語、つまり和語には、そのとおり、ラ行で始まる単語はありません。そういうわけで、ラ行で始まる単語は、助動詞の一部を除いて、すべて外来語です。このリスも、外来語です。ただ、英語などの欧米語ではありません。古い時代の中国語、漢語だったのです。

もちろん、栗鼠の本来の発音は、「栗鼠《リツソ》」です。漢詩の中に、「林深く栗鼠健なり　屋は老い瓦《ぐわ》松長《しょうた》けたり」（陸游《りくゆう》・山寺詩）のように詠まれてもいます。山田孝雄《よしお》『国語の中に於《お》ける漢語の研究』も、この単語、採り上げてあります。

伝来、よくわかりません。中世末から近世にかけて、「Risu：鼬《いたち》に似た動物の一種」（日葡《にっぽ》辞書）、また、「栗鼠 リス」（書言字考節用集）など、辞書が載せてくれてあります。既に、「栗鼠《リツソ》」から転じて完全に「栗鼠《りす》」となっています。

木登りが上手で、和語で木鼠《きねずみ》ともいいます。「ほられて薄き葡萄《ぶだう》葉の影にかくるる栗鼠《きねずみ》よ」（島崎《しまざき》藤村《とうそん》『若菜集』）とか、「恐らくは野鼠、木鼠《きねずみ》の仕業だらう。」（志賀直哉《しがなおや》『暗夜行路』）とか、文学作品には、こちらが好まれるのでしょうか。ただ、その木鼠、栗鼠の別称であって、別の動物ではありません。

坩堝（るつぼ）

「興奮の坩堝《るつぼ》と化した。」などといいます。大勢の人が熱狂するさまを、その坩堝という言葉で表します。また、「会場は人種の坩堝となっていた。」といったような用いられ方をしたときは、種々のものが入りまじっている様子をいうことになりましょう。

この「坩堝」という言葉、本来は、物質を強く熱するのに用いる耐熱性の容器のことをいいます。磁器・黒鉛・石英ガラス、または、白金・銀・ニッケルなどの金属で作られています。金属の溶解に用いる器具といったらいいでしょう。

「坩堝《カンクワ》」、「坩」も「堝」も、ともに壺《つぼ》を意味します。「坩」という漢字、その熟語は、この「坩堝」しかありません。「堝」は、それだけでも、るつぼと読みます。こちらも、その熟語は、「坩堝」しかありません。「坩」を「甘」とした「甘堝」もありますが、そう書くこともあるということでしかありません。

小規模な、下町のガラス工場などでは、まだ、坩堝炉などで、作業を続けているのでしょうか。坩堝挟《るつぼばさみ》を握って働いている職人気質の工員さん、頑張っているのでしょうか。「坩堝 ルツボ 金銀を烹錬《ほうれん》する器なり。」（書言字考節用集）以来、何世紀が経ったのでしょうか。

るつぼのつぼは、和語の「壺《つぼ》」です。問題は、るです。ラ行で始まる和語はありませんので、「炉《ろ》壺《つぼ》」などが考えられてきます。そうなると、音訓混ぜ読みです。いま一つ、「鋳《い》る壺」が考えられます。『大言海』は、両説を掲げながらも、「鋳る壺」の約とする見方を第一案としています。語頭の母音は落ちやすいことは、よくあるところです。

仲宗根美樹《なかそねみき》のデビュー曲、横井弘《ひろし》作詞の「川は流れる」でした。その歌い出しは、「病葉《わくらば》を今日も浮かべて…」だったと思います。

病葉（わくらば）

この「病葉」、一つは、病気におかされて変色したり枯れたりした葉、ということでしょう。そして、いま一つは、特に、夏、紅葉のように赤または黄白色に色づいた葉、ということでしょう。後者を意識してでしょうか、季語としては、夏ということになっています。「わくらばに取り付きて蟬《せみ》の蛻《もぬけ》かな」（蕪村《ぶそん》・遺稿稿本）は、その取り合わせがみごとです

そして、その理解は、古くから、そうだったようです。「Vacuraba：〔陰暦〕六月の虫食い葉」（日葡《にっぽ》辞書）とあるからです。「吹きはらふ河風に桜の病葉がはらはらと散る。」（永井荷風《ながいかふう》『すみだ川』）も、「桜はこの季節には、病葉の色を混じて暗い。」（大仏次郎《おさらぎじろう》『帰郷』）も、ともに桜の病葉で、夏のそれと限って用いているといえます。その後者の「この季節」、明らかに夏です。

ところが、ちょっと古くには、「嫩葉　ワクラバ　木の若葉」（易林《えきりん》本節用集）とありまして、木の若葉を意味する言葉でもあったのです。「嫩《ドン》」は「嫰《ドン》」の俗字で、確かに若い意を表します。そして、その「嫩葉《ドンエフ》」、漢語として漢籍の中に用いられていました。

わくらばの原形を、『大言海』は、「別《わ》くる葉」と見ています。木の若葉は、そのように別くる葉、分けて出てきた葉でしょう。その若葉は弱いので、病んで朽ちた葉に、結果的にはそうなりそうにも思えます。稀にという意味の「わくらばに」という副詞がありますところから、それとの関係を考えて、病葉はたまにしか見られないのでそういったとする考えもありますが、いかがでしょう。

早稲（わせ）

早く実る稲の品種を、「早稲《わせ》」といいます。野菜や果物についても、早く実る品種については、「早生《わせ》」といいます。そのように、稲の場合には「早稲」と書き、他の場合には「早生」と書くのが慣行となっていましょう。

ずっと古くは、この言葉、わさという形で、しかも、その場合は、それだけでは用いられませんでした。そのわさは、「早稲飯《わさいひ》」とか、「早稲田《わせだ》」とか、「早稲穂」など、他の言葉を下に付けていう場合に限られたのです。早稲の米で炊いた飯、早稲をつくる田、早稲の穂というようなことです。

もちろん、上代にも、わせという形で、それだけで用いられる例もありました。「少女《をとめ》らに行き逢《あ》ひの速稲《わせ》を刈《か》る時になりにけらしも萩《はぎ》の花咲く」（万葉集・二二一七）などがその例です。次の時代には、辞書にも「稲… 早稲 和勢 後稲 於久天」（和名抄・一）とありまして、「早稲《わせ》」「晩稲《おくて》」がみごとに対応の関係を見せて、併せ載せられています。

その「早稲《サウタウ》」は、漢籍にある漢語です。「碧毯《へきたん》の線頭は早稲を抽《ぬ》く」（白居易・春湖上に題する詩）などと詠まれています。それに相当する日本語がわせということで、よく定着して、今日に至っているのです。

上代はもちろん、下っても、「萩《はぎ》の下葉色づくほど、わさ田刈りほすなど、とり集めたることは秋のみぞ多かる。」（徒然草《つれづれぐさ》・一九）など、「わさだ」であったものが、東京都新宿区の地名として残るそれなど、いつか、みな、「わせだ」となってしまっています。単独用法の「早稲《わせ》」がよく行きわたって、それに引かれた結果でしょう。「早生」を当てる稲以外のそれらも、「早生豆《わせまめ》」「早生蜜柑《わせみかん》」などとなっています。

草鞋（わらじ）

藁《わら》で編んで草履《ぞうり》の形にした、昔の履物を、「草鞋《わらじ》」といいます。藁草履とは違います。藁草履は突っ掛けて履くだけですが、草鞋は、紐《ひも》で足に結びつけるのです。時代劇の、いわゆる旅人《たびにん》さんが履いている、あの履物です。今でも、山歩きなど楽しむ人の中には、この草鞋を愛用している人がいるそうです。

草鞋、また、それに類する履物は、いつごろから用いられてきているのでしょうか。とにかく、この言葉が文学作品の中に登場するのは、「御足《みあし》は欠け損じて、草鞋皆血に染まれり。」（太平記・大塔の宮熊野《くまの》落ちの事）あたりが、初出かと思われます。宮のお足も傷ついて草鞋がすっかり血に染まっていた、というのです。

草鞋という言葉、言葉としては、「藁沓《わらぐつ》」が変化したものでしょう。わらぐつからわらんづとなり、次いで、わらんぢとなり、さらにわらぢとなったと、辿《たど》ることができます。その一方で、わらんぢ・わらぢのぢについて、これを「乳《ち》」と感じとっていたかにも、思えてなりません。そのへりの部分に、紐を通すために付けた小さい輪のことを、乳《ち》というからです。羽織などにも付いている、あれです。旗・幕・暖簾《のれん》などにも付いていましょう。

藁沓といっても、積雪地で今も用いている藁編みの長靴《ブーツ》と同じものとは限らないでしょう。ただ、「屣 ワラクツ」（黒本本節用集）とある一方に、同じ辞書に「草鞋 ワランヂ」とあるところからは、別物と見なければならないでしょうか。「鞋」は、漢音カイですが、慣用音アイ、もちろん、履物を意味します。

草鞋《わらじ》、歴史的仮名遣いわらぢ、そのぢは、くつが音韻変化した結果です。ただ、小さい輪をいう乳を感じとる人もいました。その気持ちは、よくわかります。

主な引用古辞書紹介（五十音順）

色葉字類抄（いろはじるいしょう）　漢字に加えた和訓または字音を、語頭の音によってイロハ順に排列した国語辞書。イロハ引きの国語辞書としては、最も古い。天養年間（一一四四～一一四五）ごろから治承《じしょう》年間（一一七七～一一八一）に至る間に増補を加えて成る。橘忠兼《たちばなただかね》編。

運歩色葉集（うんぽいろはしゅう）　室町時代の通用語をイロハ分けした国語辞書。天文十六～十七年（一五四七～一五四八）に成る。編者未詳。『元亀《げんき》本運歩色葉集』から引いた。

温故知新書（おんこちしんしょ）　現存最古の五十音引き国語辞書。文明十六年（一四八四）に成る。編者名に相当するところに大伴広公とあるが、その公が人名の一部か敬語かは不明。

下学集（かがくしゅう）　室町時代に編集された、代表的国語辞書。文安元年（一四四四）に成る。その編者名として東麓破衲《とうろくはのう》とあって、建仁寺あるいは東福寺の住僧かとされる。『元和《げんな》本下学集』から引いた。

嬉遊笑覧（きゆうしょうらん）　言葉の意味を事項別に分けて、その出典を明らかにした随筆。文政十三年（一八三〇）に成る。喜多村信節《きたむらのぶよ》編。

古語拾遺（こごしゅうい）　天地開闢《かいびゃく》以来の自家伝承の歴史書。大同二年（八〇七）に撰上《せんじょう》。斎部広成《いんべのひろなり》編。

爾雅（じが）　中国の字書のうち、最も古いものとされる。周末から前漢時代にかけて徐々にまとめられたとみられる。周公の作とも、孔子の門人の作ともされる。

新撰字鏡（しんせんじきょう）　漢字を偏・旁《つくり》によって分類、音注と訓注とを付けた漢和辞書。寛平《かんぴょう》四年（八九二）に編成、さらに昌泰《しょうたい》年中（八九八～九〇一）に増補改編。昌住《しょうじゅう》編。編者は、南都法相宗系の学僧かとされる。

節用集（せつようしゅう・せっちょうしゅう）　室町時代の通行語について、用字と、時に語源を示した国語辞書。「節用」は、しょっちゅうの意。近世には、イロハ引き国語辞書の代名詞となる。文明年間（一四六九～一四八七）を少し遡《さかのぼ》るころの成立か。その編者についても、不明。近世刊行の『書言字考節用集』は、槙嶋昭武《まきしまあきたけ》編。本書は、『文明本節用集』と、『書言字考節用集』のほかは、『五本対照改編節用集』を通して、『黒本本節用集』『伊京《いきょう》集節用集』『天正《てんしょう》本節用集』『饅頭屋《まんじゅうや》本節用集』『易林《えきりん》本節用集』中の各用例を間接的に引いた。

東雅（とうが）　中国の『爾雅《じが》』にならった語源辞書。享保《きょうほ》二年（一七一七）に成る。新井白石《あらいはくせき》著。

日葡辞書（にっぽじしょ）　日本語とポルトガル語との辞書。本編は慶長八年（一六〇三）、補遺は慶長九年（一六〇四）、長崎学林刊。イエズス会宣教師数名が日本人の協力を得て編纂《へんさん》した。本書は、『邦訳日葡辞書』から、多くを引いた。

日本歳時記（にほんさいじき）　民間の年中行事に詩歌連俳の作例を掲げた生活歳時記。貞享《じょうきょう》五年（一六八八）に成る。貝原好古《かいばらよしふる》編。

日本釈名（にほんしゃくみょう）　やや通俗的な語源辞書。元禄《げんろく》十二年（一六九九）に成る。貝原益軒《かいばらえきけん》著。

日本大文典（にほんだいぶんてん）　今日の文法概念よりも広い範囲に及ぶ文法書で、日本語全体について論じたもの。慶長九年（一六〇四）から十三年にかけて、長崎学林で刊行。ジョアン・ロドリゲス著。

埤雅（ひが）　『爾雅《じが》』の内容を充実させた中国の辞書で、動植物名に詳しい。北宋《ほくそう》（九六〇〜一一二六）の陸佃《りくでん》の著。

物類称呼（ぶつるいしょうこ）　詳しくは『諸国方言物類称呼』とあるように、江戸時代の全国方言集。安永四年（一七七五）刊行。越谷吾山《こしがやござん》編。

法華義疏（ほっけぎしょ）　「妙法蓮華経《みょうほうれんげきょう》」二十八品の文義を解釈したもの。中国の隋《ずい》（五八一〜六一七）の吉蔵の著。本邦には、それに訓点を施した資料が残っている。

本草（ほんぞう）　中国古代の薬物書。下って明《みん》（一三六八〜一六六二）末に、李時珍《りじちん》が『本草綱目』を著した。動物・植物・鉱物に及んでいる。一方、本邦では、江戸時代、貝原益軒が『大和《やまと》本草』を宝永六年（一七〇九）に刊行している。

守貞漫稿（もりさだまんこう）　見聞した風俗について分類した絵入り書。天保八年（一八九七）以来執筆、最終的には慶応三年（一八六七）に加筆した原稿が残っている。喜多川《きたがわ》守貞著。

羅葡日辞書（らほにちじしょ）　ラテン語・ポルトガル語、そして日本語の辞書。文禄《ぶんろく》四年（一五九五）、天草《あまくさ》刊。イエズス会の宣教師が編んだ。

俚言集覧（りげんしゅうらん）　俗諺《ぞくげん》を集めた『諺苑《げんえん》』に拠り、さらに方言・俗語を増補したもの。成立年時は未詳。太田全斎《おおたぜんさい》編。明治になってから井上頼圀《いのうえよりくに》らによって増補版が刊行された。

類聚名義抄（るいじゅみょうぎしょう・るいじゅうみょうぎしょう）　漢字・漢語を分類、字形・訓義などを付した、中世以前では最大の漢和辞書。成立は、十二世紀前半期ということで、特定できない。編者も僧侶《そうりょ》ではあろうが、未詳。本書は、鎌倉時代書写の『観智院《かんちいん》本類聚名義抄』から引いた。

和英語林集成（わえいごりんしゅうせい）　わが国最初の和英辞典で、英語で書かれた国語辞典ともいえる。慶応元年（一八六五）、横浜で発行された。ジェイムス‐カーチス‐ヘボン編。

和名類聚抄（わみょうるいじゅしょう・わみょうるいじゅうしょう）　『和名抄』ともいう。本書では、そう書いたところも多い。漢字・漢語による物名・事項を分類し、出典つきで解説を施し、署名のとおり、和名を真仮名（＝漢字）で示した辞書。承平《じょうへい》四年（九三四）ごろ、醍醐《だいご》天皇の皇女勤子内親王の命を受けて、源順《みなもとのしたごう》が編纂《へんさん》した。二十巻本と十巻本との二種類があるが、成立の先後関係などについては、よくわからない。下って、江戸時代、狩谷《かりや》棭斎《えきさい》による研究書『箋注倭名類聚抄《せんちゅうわみょうるいじゅしょう》』が刊行された。そこからも、若干引いたところがある。

あとがき

本書でいう難読語は、難読語一般のなかでは、難読語らしくない難読語です。小学生でも高学年の方でしたら、どなたも読めてしまうでしょう。ただ、漢字一字々々と、その読みとを対照させたとき、どうしてそう読めるのか、悩ませられる表記だといえましょう。そこで、その悩みが解決されるような解説を施して、こうだからこう読むのだ、としたのが本書です。そして、そういう本がないことを前提に執筆しました。

この小著もまた、たまたまいただいた機会にお応えしたものです。角川書店のソフィア文庫の一環として『読みもの日本語辞典』（平成九［一九九七］年刊）執筆をお引き受けした日がありました。同社の『国語辞典新版』（久松潜一・佐藤謙三編　一九六九年刊）の編集協力をさせていただいたり、辞書教科書部のお手伝いを長くさせていただいたりしたご縁でした。それが、お陰で、ある程度以上の部数が読者に迎えていただけたからでしょうか、いま一点ということで『難読語の由来』（平成十［一九九八］年刊）ということになりました。

今でも編集委員をさせていただいている学校図書の中学校国語ですが、その学校図書で小学校国語の何人かの方々と『小学校国語学習辞典』（野地潤家・金田弘監修　昭和六十一年［一九八六］年刊）の編集委員をさせていただいたことがありました。その作業のなかで、常用漢字表付表に載る、いわゆる熟字訓語彙については、その解説をした刊行物がないことに気づきました。ただ、その解説には、古辞書から引く資料など、その歴史に触れる必要も多く、実りませんでした。それで、この機会にと思って、小著の発端となりました。

ただ、世の中には、難読語と銘打った辞典がたくさん刊行されています。小著は、その由来を解明する著作で、類書が存在しないのですが、書名が、そこを印象づけなかったようです。加えて、そのころから出版不況の時代にはいってしまうことにもなりました。その一方で、あいにくなことに、この一冊を期待するお声が伝わってまいりました。ご無沙汰を重ねていたご担当の方などに事情をお話しして角川書店のご理解をいただいて、長いお付き合いの右文書院から、読みやすい体裁をお考えいただくことになりました。

紙の本がいつまで生き残れるのか、と言いながら、その限られた刊行物が大手出版社に寡占化される傾向が顕著となってしまってきています。そういうなか、右文書院・三武義彦社長は、その紙の本がいつまで生かし残せるか、と言って、戦いつづけています。先代からご縁をいただいた右文書院、残り少ない人生を含めて託させていただくことにいたしました。

改稿に先立って、通読された社長は、各項一ページに早くも割りつけた初校ゲラを、この夏の課題として送ってきてくれました。その後気づいた用例資料の追加などだけでなく、どんな疑問からはいったらよいか、どんな展開にしたら一層の理解を深めていただけるかなど、ゆっくり考えて、全面的に書き改めたところも二十数項目に及びました。そして、中高生にも読んでいただけるような言い回しの修正も加えてみました。

そこにいう難読語は、常用漢字表の音訓とは一致しない試みをするものを指していう難読語ということになりますが、そこには、上代から近現代に至るまでの千何百年にわたる日本語の言語文化の歴史が詰まっています。文化の智恵が、その読みの背景となっていて、その複雑さこそが、各世代の交代を伝えている、といえましょう。当代は、忙しく使い捨てられることの多い日本語の時代です。でも、そこにも、次の難読語が生まれているのかもしれません。
八十五歳の夏は、本書の改稿で乗り越えることができました。著者以上に、積極的に本書の新読みもの化をお進めくださった三武社長に御礼を申し上げて、“あとがき”といたします。

令和元年九月三十日

著者　中村幸弘

著者紹介

中村幸弘（なかむら　ゆきひろ）

昭和８(1933)年、千葉県生まれ。國學院大學文学部文学科卒業後、昭和31(1956)年から15年間、千葉県立佐原第一高校・同県立大原高校・國學院高校に教諭として勤務。昭和46(1971)年、國學院大學専任講師・助教授・教授を経て、平成16(2004)年、定年退職。博士(文学)・國學院大學名誉教授。続いて弘前学院大学教授の後、平成19(2007)年から國學院大學栃木短期大學教授(学長)。教育現場時代から辞書・教科書等の編集に協力し、『ベネッセ表現読解国語辞典』『ベネッセ古語辞典』『ベネッセ全訳古語辞典』編者、『旺文社国語辞典』編集委員、右文書院・旺文社・文英堂高等学校教科書編者、学校図書中学校教科書編集委員など。

著書は、『補助用言に関する研究』（右文書院）『『倭姫命世記』研究――付訓と読解――』『和歌構文論考』（新典社)、国語科教師・一般読者向け著作として、『先生のための古典文法Ｑ＆Ａ100』『古典文の構造』『古典敬語詳説』『現代人のための祝詞』『『直毘霊』を読む』『『古語拾遺』を読む』『日本語どうしてＱ＆Ａ100』『学校で教えてきている現代日本語の文法』『現代文で解く源氏物語』『ものぐさ故事名言』『読んで楽しい日本の唱歌Ⅰ・Ⅱ』『読んで楽しい日本の童謡』『日本国憲法の日本語文法』『続・先生のための古典文法Q&A101』『先生のための“する”という動詞のQ&A103』『先生のための“ある”という動詞のQ&A104』（以上、右文書院)、『読みもの日本語辞典』『難読語の由来』（以上、角川文庫)。『古典語の構文』（おうふう)、『日本古典　文・和歌・文章の構造』『漢文文型　訓読の語法』（以上、新典社）など。

どうしてこう読む　**難読語の由来**

令和元年十一月十一日　印刷
令和元年十一月二十日　発行

著　者　中村幸弘
装幀者　鬼武健太郎
発行者　三武義彦
印刷・製本　㈱文化印刷
岩手県宮古市松山五―一三―六

〒101-0062　東京都千代田区神田駿河台一―五―六
発行所　株式会社　右《ゆう》文《ぶん》書《しょ》院《いん》
振　替　〇〇一二〇―六―一〇九八三八
電　話　〇三（三二九二）〇四六〇
ＦＡＸ　〇三（三二九二）〇四二四

ISBN978-4-8421-0807-0 C0092

（本文用紙）ラフクリーム琥珀〈42.5〉キロ